U0661861

XUNZI MANAGEMENT WISDOM

荀子管理智慧

张朝勇 著

四川人民出版社

图书在版编目（CIP）数据

荀子管理智慧 / 张朝勇著. —成都：四川人民出版社，2022.10（2023.9 重印）

ISBN 978-7-220-12822-6

Ⅰ.①荀… Ⅱ.①张… Ⅲ.①荀况（前 313—前 238）—管理学—思想评论 Ⅳ.①B222.65

中国版本图书馆 CIP 数据核字（2022）第 178861 号

XUNZI GUANLI ZHIHUI

荀子管理智慧

张朝勇　著

出 版 人	黄立新
责任编辑	刘姣娇
装祯设计	张迪茗
责任校对	刘　静
责任印制	祝　健
出版发行	四川人民出版社（成都三色路 238 号）
网　　址	http://www.scpph.com
E-mail	scrmcbs@sina.com
新浪微博	@四川人民出版社
微信公众号	四川人民出版社
发行部业务电话	（028）86361653　86361656
防盗版举报电话	（028）86361653
照　　排	四川胜翔数码印务设计有限公司
印　　刷	四川机投印务有限公司
成品尺寸	134mm×210mm
印　　张	7.5
字　　数	150 千
版　　次	2023 年 1 月第 1 版
印　　次	2023 年 9 月第 2 次印刷
书　　号	ISBN 978-7-220-12822-6
定　　价	56.00 元

◇◇序◇◇

管理是什么？如何进行有效的管理？尽管几千年来无数先哲、领导者甚至君王都试图探寻、研究并践行管理，但是很多人对此仍然感到模糊甚至陌生。

诺贝尔经济学奖获得者，美国著名管理学家赫伯特·西蒙说："管理就是决策。"法国古典管理理论学家亨利·法约尔说："管理就是预测和计划、组织、指挥、协调以及控制。"如何实现有效管理？美国传奇 CEO、"商业教父"杰克·韦尔奇说："管理就是把复杂的问题简单化，混乱的事情规范化。"原世界首富比尔·盖茨认为："一个公司的发展迅速得力于聘用好的人才，尤其是需要聪明的人才。"著名管理学家彼得·德鲁克说："用人不在于如何减少人的短处，而在于如何发挥人的长处。”原美国国际农机商用公司董事长西洛斯·梅考克说：“管理是一种严肃的爱。”沃尔玛公司创始人山姆·沃尔顿说：“沟通是管理的浓缩。”原克莱斯勒汽车公司董事长本·比德维尔说：“管理层次越少越好。”国际建筑大师密斯·凡·德罗说：“魔鬼存在于细节之中。”

我国古代著名的教育家、哲学家、思想家荀子，早在2000多年前就已提出：“君者舟也，庶人者水也，水则载舟，水则覆舟。”即君王好比是船，百姓好比是水，水可以使船行驶，也可以将船淹没。这里用“舟水”关系来比喻“君民”关系，充分说明君主、执政者要重视人民的作用，君主与百姓，管理者与被管理者之间是相互作用、相互依存、对立统一的关系。荀子已深刻认识到人民力量的伟大，即就像水一样，无论是鱼儿还是舟船，都不可能离开水，强调民心向背对治国理政的极度重要性。身为人君的管理者必须爱民、用民、利民，社会、国家才会和谐安稳、繁荣昌盛，否则将会被人民抛弃甚至灭亡。如何规避倾覆的危险？荀子认为：“君人者，欲安，则莫若平政爱民矣；欲荣，则莫若隆礼敬士矣；欲立功名，则莫若尚贤使能矣。是君人者之大节也。”即统治者要安荣显名，使得水能平稳载舟，就应该平政爱民、隆礼敬士、尚贤使能，这是为君者治理国家、使天下太平的关键。

本书力图通过对荀子管理思想、观点以及管理实践的梳理，让读者窥见荀子的管理思想，即：要求管理者重视人的作用，知人善任、任用贤能；要善于明分使群，进行合理的社会分工和职业划分；对待利益要先义后利，以义克利；国家治理要隆礼重法，礼法交融，道德和法治结合，即依法治国和以德治国协同发展；对外主张王道，反对霸道，践行“力术止，义术行”的原则；用惠而不费、为而不为的方法达到无为而治的最高管理境界，最终达到富国富民的目的。由此给读者勾画出一幅荀子理想中的美好画卷：国家安宁，社会和谐，人民富足。

荀子汲取道、墨、名、法，特别是法家思想，兼容并包，综合百家，其观点和理念深邃高远，蕴含着丰富的哲理和管理智慧，不愧为我国儒家管理的一代宗师。

在现代管理过程中，不管是小到作坊、作业车间，还是大到大型企事业单位以及国家的治理，都需要一套行之有效的管理办法，我们在此不妨向古人——荀子，寻求一些管理方面的智慧。当然，荀子生活在战国末年七雄并峙即将结束、封建大一统国家即将形成的时期，其思想主要是为建立统一中央集权的封建君主制国家服务，这有一定的历史局限性，我们要予以辩证的理解和思考。

最后，因笔者水平有限，故在此书中若有不妥之处，还请读者批评指正。

张朝勇

2022 年 3 月 5 日

目　录

第一章

荀子管理思想的基础——『性恶论』

第一章

管理好国家是古今中外的重大实践课题。从现代管理学的角度看，任何管理思想都必须进行一定人性假设，因为人性假设不同将涉及不同的管理的方法、过程和目标。中国传统管理思想对人性假设是相当重视的，孔子的德治思想隐含人性本善的观点，孟子明确提出“性本善”，但在管理过程中他们都不太重视“法”的作用。而荀子提出了“人性恶”的人性假设，并要求国家管理不但要重视德育教化，还要重视法制建设。也就是说，荀子在“人性恶”的基础上提出了“隆礼重法”的管理思想，为我们过去及现代管理提供了宝贵经验，很有借鉴意义。因此，荀子的“性恶论”，即“人性恶”这一人性假设是他管理思想和智慧的理论基础，也是他全部学说的基石。

一、荀子的人性假设“性恶论”

为了更好地理解荀子“性恶论”在其管理思想

中的重大意义，我们先来看看荀子对“人性”的界定以及对“性伪”的区分，以便于理解荀子提出“性恶论”的真正管理目的。

首先他定义什么叫“性”，说：“不可学、不可事而在人者谓之性。”① 即没有经过后天的学习，没有后天的修饰，天生下来就如此，就叫作性。比如，眼睛喜好色彩，耳朵喜好音乐，嘴巴喜好味道，内心喜好利益，身体喜好愉悦安逸；饿了想吃饱，冷了想穿暖，劳累了想休息，即荀子说的“目好色，耳好声，口好味，心好利，骨体肤理好愉佚”②“饥而欲食，寒而欲暖，劳而欲息”等。这些都是产生于人的常情和本性的，是有感觉就自然形成，不依赖人的作为就产生的东西，即“是皆生于人之情性者也，感而自然，不待事而后生之者也”③。他接着论述：“故圣人之所以同于众，其不异于众者，性也。”④ 即圣人之所以与众人相同，与众人没有区别的地方，就是人的本性。也就是说，荀子所谈的人

---

① 方勇，李波译注．荀子［M］．北京：中华书局，2021．第377页．

② 方勇，李波译注．荀子［M］．北京：中华书局，2021．第379页．

③ 同上．

④ 同上．

性是人的自然生物性，与社会性无关，这是荀子关于性的一个界定。

其次，荀子进一步对“性伪”进行了区分，即“察乎性伪之分”，这是荀子“明于天人之分”的自然观在人性论上的推广和运用。天人之际在宏观上是整个自然和社会的关系，在微观上则表现为人的先天本性（性）和后天人为（伪）的关系。荀子为天人关系论增添了新的理论内容，认为先天本性是“本始材朴”的生理素质，后天人为则是“文理隆盛”的社会礼义道德。① 他主张性恶主要是从人性恶引申出礼义制度和君主存在的必要性，为其社会管理做理论铺垫，因而他谈“性恶”其目的在于与“性”相对的“伪”上。他说：“可学而能、可事而成之在人者谓之伪。”② 即经过后天学习，经过后天修养，这就叫作人为。所谓“伪者文礼隆盛也”，就是指对于先天本性纯朴的东西，给它加以人的有意作为，这就是本性和人为的结合。他接着解释说：“无性则伪无所加。”即如果没有天生就有的那个性，人后天的作为就没有施加的对象。“无伪则性不能自

① 向士陵. 中国哲学智慧［M］. 北京：中国人民大学出版社，2006. 第 39 页.

② 方勇，李波译注. 荀子［M］. 北京：中华书局，2021. 第 377 页.

美”即如果没有人为的话，那么天生的东西是不能够自己完善的。换句话说，荀子所说的“伪”，并不是真的伪，而是人为的意思，是在人出生以后可以学习得到、可以取得成功的品格即后天形成的品格，从而为他的管理思想中要加强教育、促使人们向善做好充分的理论准备。

我们知道欧洲殖民主义者入侵非洲、美洲时，是受到当地黑人、印第安人抵抗的，损失惨重。后来他们佐之以金钱奇物，引诱一些部落的重要成员，使部落发生分裂，一些部落成员成了殖民主义者征服当地、捕捉奴隶的帮凶。而秦国蚕食关东六国时更大规模地建立小农经济，解决农民的土地问题，对其私欲的满足大大削弱其反抗的动机。[①] 也就是说，古朴原始的、以血缘关系为基础建立的联盟，可以抵抗外来强敌，却抵御不了以财产私有为基础的“私利”的侵蚀。正是基于这种原因，具有务实风格的荀子不再关注那个虚无缥缈、无法把捉的“善”的情感，而关注人的生理本性而提出“性恶论”。也就是说，荀子认为人性本恶，就连圣人也不例外。圣人之所以最终成为圣人受到他人的尊敬，

---

① 方尔加. 儒家思想讲演录［M］. 北京：东方出版社，2007. 第111页.

是因为他们做出很多努力去改造自己的本性。有些人却恰恰相反，他们放纵自己的本性，服从自己的情欲，胡作非为，因此受人轻视。荀子认为后天的学习可以使人失去恶性，得到善性。荀子提出“性恶论”，其主要目的不是批判人性，而是强调教育的重要性，为他推行礼义教育奠定基础——教育与学习在人性由恶转向善中具有极其关键的作用。

荀子在《性恶》篇中一开头就说，“人之性恶，其善者伪也”[①]，即人的本性是邪恶的，那些善良的行为，是人为改变的。在《性恶》篇中第二段，荀子专门论述了这个问题，他认为人生下来就有好利之心，如果顺着这一点，那么争夺就会发生，而推辞、谦让就失去了；人生来就有讨厌的东西，如果顺着这种人性，那么互相残害就会发生，而诚实、守信就失去了；人都是血肉之躯，生来就有耳目之欲，比如人都是好声色的，如果顺着这一点的话，那么淫乱就产生了，而礼义、伦理就失去了。如果顺着人天生的这些习性，人与人之间必然会发生争夺，一定会与违反等级名分、扰乱文治的行为相合而归于暴。所以荀子说，必须由圣人制定礼义，必

① 方勇，李波译注. 荀子［M］. 北京：中华书局，2021. 第375页.

须有老师进行教化，有法律的规范，然后才有礼义之道，才能使人转而为善，使社会正常安定，从而便于管理的实施。由此看来，人的本性是邪恶的就明显了，那些善良的行为是人为改变的。

为了丰满自己的理论，充分彰显“性恶论”在其“隆礼重法”管理理论中的基础意义，荀子进一步论述了“化性起伪”的观点。前面我们提到荀子认为“人之性恶明矣”即人的本性是邪恶的，那些善良的行为是人为改变的。从另外一个角度我们得知，荀子认为人是可以塑造的，人对于人性是可以有所作为的，人可以通过自己后天的努力，或使被后天环境蒙蔽的“善性”彰显出来，或使先天的“恶性”发生改变。用荀子的话说就是“涂之人可以为禹”①。就是说通过教育，即使普通人都可以成为大禹那样的圣人。而且他认为“性”是“伪”的基础，是人为改造的原始材料，没有这种基础和材料，“伪”就无所加；“伪”是对“性”的加工，使之完善、美好，没有这种加工，“性”就不能自美。荀子还说：“性者，本始材朴也；伪者，文理隆盛也。无性，则伪之无所加；无伪，则性不能自美。”荀子在

① 方勇，李波译注. 荀子［M］. 北京：中华书局，2021. 第385页.

这里不仅看到了“性”与“伪”的差异，更重要的是发现了性伪结合对于社会管理的重大借鉴意义，也即本性和人为相结合，才能成就圣人的名声，统一天下的功业才能成功。

二、对比孔孟的“性善论”，荀子“性恶论”的提出目的——为其“隆礼重法”的管理理论提供基础

荀子认为，把一个国家管理好的关键是“人”，而人都有共同的本性。对人的本性怎样认识才更有利于规范管理，从而实现“隆礼重法”的管理目标呢？他发现，孔子、孟子都是以性善或隐含性善的假设，从而达到善的目标（仁政），但是社会如此复杂，邪恶与犯罪时有发生，怎么办呢？因而他认为，从性恶出发进而达到善政（王道）更为合适。既然如此，就应该采取相应的措施，一是加强道德教育，培养人们正确的人生观和价值观，使人们树立高尚的情操，做文明的人；二是加强法制建设，打击犯罪，惩办邪恶，从而实现其“隆礼重法”的管理目标。而且荀子认为，矫正人之性恶，只有圣人才能为之。他的理由是，圣人能知道矫正人性恶是必要的，同时圣人知道如何来矫正人的性恶，从而形成

良好的人心与社会政治管理秩序。因此，荀子提出“人性恶”的意图在于引出人心、社会管理秩序依赖于礼义法度，以一个人性善恶的伦理诘问，落脚于是否需要政治控制、人心教化、“隆礼重法”的管理问题之上，也就是《性恶》篇中所说，人的本性善良，那就会离开圣明的帝王，取消礼义了；人的本性邪恶，那就会推举圣明的帝王，遵从礼义了。因此，荀子提出“性恶论”并不是他的真正目的，它只是一个中介、一座桥梁，它是为政治统治与社会管理提供理论基础，从而为最终达到“求治去乱”“隆礼重法”的管理目的以及统一的封建专制政权的管理所做的充分的理论准备。

孟子和荀子都生活在战国时代，列国争雄最终必将走向统一，孟、荀都看到这一历史趋势，他们各自都为统一后的国家治理模式提出了自己的理论。孟子以人性善为基础提出仁政学说，荀子以人性恶为基础提出王道学说。他们各自自觉地把自己的管理模式建立在人性论的基础之上，想使自己的治理模式合符人性之需要。

事实上，对人性假定一般分为两种，一是善的，一是恶的。由性善而推行仁政是顺理成章的事，因为人性善与表现出来的善性具有先天性的特性，由此影响的管理活动，自然会带上“仁慈”的特征。

儒家开山鼻祖孔子认为："性相近也，习相远也。"即人们的本性是相近的，后天的习染使人们之间相差甚远了。这里对举性与习，证明性是先天获得的，表明孔子注重后天教育的思想。因此，孔子一生推行"仁政"，主张仁者爱人，要求统治阶级体察民情，反对苛政。孔子的"仁政"，体现了人道主义精神，而且人道主义也是人类永恒的主题，对于任何社会、任何时代、任何一个政府都是适用的。在实际生活中，孔子也以仁为中心践行一生，善良而富有同情心，乐于助人，待人真诚、宽厚。而荀子认为，人生活在社会中，始终要吃要喝，始终面临利益欲求的争斗，因而，争夺与辞让同在、羞恶与无耻同行、恻隐与心狠相对，处处彰显着性恶。因此，从人性恶的角度出发，控制、引导与管理就尤为重要了，这正是荀子在管理思想中以"性恶"为假定前提的真正缘由所在。

其实，从根本上讲，荀子的人性恶和孟子的人性善是一码事，他们是从不同的角度来探讨在管理中如何规范人的行为，让人回到自觉坚持岗位职责（礼）的道路上去。孟子强调人和动物差异的一面，从人的精神诉求出发，指出人有仁义礼智"四端"，能预见到未来，从而自觉地克服对眼前利益的短视，坚守岗位职责（礼）。荀子则强调人和动物共同的一面，从人的生理诉求出发，把人性归结为物质欲求，认为眼睛喜好色彩、耳朵喜好音乐、嘴巴喜好味道、内心喜好利益、身体喜好愉悦安逸，这些都是产生于人的常情和本性的，是有感觉就自然形成、不依赖人的作为而产生的东西。如果听任这种人性的自然发展，就会导致人类的争夺、残杀，引起社会混乱，只有通过礼义教化和法度的作用，才能使人们自觉地用礼义来约束自己，从而使人们追求物质欲望的活动不超过“礼”的范围，这就是“化性而起伪”①。也就是说，他俩对人性的原初状态看法并无不同。

荀子虽然讲人性恶，但认为人性可以改造为善，这就等于承认了人天生有成善的“种子、基因”，即“故弓调而后求劲焉，马服而后求良焉，士信悫而后求知能焉。士不信悫而有多知能，譬之其豺狼也，不可以身尔也”②。因此，弓首先要调好，然后才求其强劲；马首先要驯服，然后才求其成为良马；人才首先要忠诚老实，然后才求其聪明能干。一个人如果不忠诚老实却又非常聪明能干，他就堪被比作

---

① 周建波．先秦诸子与管理［M］．山东：山东人民出版社，2008．第 85—86 页．

② 方勇，李波译注．荀子［M］．北京：中华书局，2021．第 501 页．

豺狼，是不可以靠近的。而且“安禽兽行，虎狼贪，故脯巨人而炙婴儿矣”，即像禽兽、虎狼一样，把大人做成肉干、婴儿做成烤肉来吃，这种非常残酷的人吃人的社会景象是不可想象的。这些话仍能够透露出荀子认为人性恶是可以被改造的思想，因为人有这样的种子、基因——禽兽虎狼没有这样的种子、基因，所以谈不上改造。因此，孟、荀的分野是从如何对待人的原初状态开始的。孟子主张激活人的善的种子，荀子主张从改造人的生理欲望入手；孟子要培养的善德具有浓厚的个性色彩，荀子的善德强调整齐划一；孟子强调人格的平等性，荀子突出等级的差别性。① 孟子强调道德、仁义，具有内控性和协调作用，强调道德的自律性，荀子除了强调礼义的内控性和道德的自律性外，还强调强制性的管理和他律的重要作用，因为荀子认为善的理念需要社会化，并且相对固定化，否则会沦为私德、个人利用的工具。所以荀子认为在管理过程中对于人性不能顺其发展，必须进行改变，而圣人就是改造者。古代圣人建立了礼义、制定了法度，用来强制整治人们的性情而端正他们，用来驯服、感化人们

---

① 方尔加. 儒家思想讲演录［M］. 北京：东方出版社，2007. 第113页.

的性情而引导他们，使他们都能从社会安定出发，合乎正确的道德与管理原则。因而从孟、荀关于人性论的比较中，我们可进一步明确荀子提出“性恶论”是为其隆礼重法管理提供理论基础的。

总之，由于人性理论的不同，孟、荀的国家管理模式有着很大的不同。孟子的管理模式过于理想，荀子的管理模式比较切于实用。可以说，在汉代提出的“独尊儒术”的国家管理学说，实为孟、荀学说的结合。

第二章 荀子关于对人的管理

第二章

前面我们对荀子管理思想的人性论基础进行了深入细致的剖析，知道荀子提出的“性恶论”并非其“思维兴奋点”，其最终目的是为达到求治去乱、隆礼重法的管理目标以及为封建专制政权的管理做理论准备。那么，荀子在其具体管理思想中首先要考虑的是什么呢？当然是对人的管理。

从现代管理学角度看，人的管理可以统称为人力资源管理，它从组织发展战略、组织内外环境和人性特征出发，以充分发挥人力资源在组织资源系统中的特殊作用为目标，并对人员管理进行政策制定和实践；它是通过研究组织中人与人之间的关系调整、事与事之间的关系协调以及人与事之间的匹配适应，使得人尽其才、事得其人、人事相宜，最终实现管理目标。[①] 无论管理者采取何种措施去达成管理目标，其努力都离不开“选人、用人、育人、留人”等管理办法，这些办法可以说是人力资源管

---

① 罗哲，沙治慧. 人力资源开发与管理［M］. 成都：四川大学出版社，2007. 第 9 页.

理的核心内容。因此，美国著名管理学家彼得·德鲁克在组织管理中特别强调“人”的因素。他指出，人力资源是企事业管理中所具有的所有资源中最为丰富、最有才能、最有潜力的资源。因此，管理者的首要任务就是把他的资源——首先是人力资源——之中所蕴藏的一切力量挖掘和发挥出来，消除一切可能存在的弱点，从而创造出有活力的整体管理组织。同样，荀子在承认自然界是不以人们意志为转移的客观存在时，进一步指出了人们应该通过主观努力去改造自然，为人类造福，并提出只要我们把“人力”使用好就可能创造奇迹的“人定胜天”思想——该思想也成为其论述对人的管理的出发点。

一、荀子认为管理的核心是“治人”，并对管理者的人格特征予以界定

荀子十分重视人在管理过程中的地位，可以说人的管理和施行管理的人是其理论的核心。荀子认为，有了人才有管理，一切的管理活动都是围绕着“治人”而展开的。既然是管理人，那么就要对人进行分析，要重视研究人的规律，要根据一定的规律去满足人的欲望，办事情才能符合客观实际。荀子

提出："天有其时，地有其财，人有其治。"[①] 即强调人有掌握天时、使用地利的办法，如果放弃人的努力而仅期望天地的恩赐，那就太糊涂了。在"治人"过程中，既要对人进行奖励，又要对人进行惩罚，因为只有用赏赐去鼓励人们不怕牺牲、为国立功的精神和行为，用刑罚使干坏事的人害怕并得到约束，才能使管理工作得以顺利实施。同时，荀子指出："人之生，不能无群，群而无分则争，争则乱，乱则穷矣。"[②] 即荀子提倡集体及组织行为，他认为群体性是人类本性之一，人的生存不能离开群体。也就是说，荀子十分强调以人为核心的各种群体关系，包括家庭、邻里、社会、国家乃至自然界，他倡导的不是个人主义而是对更大实体的责任。换句话说，荀子管理思想里最强调的其实是人与人之间的相互依赖和合作的重要性。那么如何形成人与人之间的相互依存、协力合作的精神呢？荀子提出了"隆礼"与"重法"两大思想。因为人的本性是恶的，所以只有通过"师法之化、礼义之道"，通过后天人为的学习，努力地追求礼义，才能出现推辞

① 方勇，李波译注. 荀子［M］. 北京：中华书局，2021. 第266页.

② 方勇，李波译注. 荀子［M］. 北京：中华书局，2021. 第142页.

礼让，达到社会安定；因为人的本性是恶的，所以圣人“起法正以治之，重刑罚以禁之”，从而使天下安定而有秩序。荀子反复强调的是如何在社会这个复杂的大团体中培养人与人之间互助团结、协力合作的精神，这种把一切的管理活动都看作围绕“治人”而展开的思想，和我们现代的管理思想是很契合的。

荀子还对管理者的人格特征予以了界定。就管理者而言，孔子提倡的是一种君子人格，这种人格特征是“仁、智、勇、恭、敬、惠、义、达、艺”等美德皆具。荀子继承了孔子思想，也强调管理者的君子人格，同时，他还指出了君子人格在管理中的重要性：“君子也者，道法之总要也，不可少顷旷也。”① 即是说，君子是礼义和法制的关键，不能有一时空缺。而且他解释说，得到了这些（君子、礼义、法制），国家就能得到治理并保持安定；失去了这些，国家就会陷入混乱、危险之中，甚至灭亡。所以，有了良好的法制而国家混乱的情况，是有过的；有君子治国而国家混乱的情况，从古到今，还没有听说过。正如古书上说的：“治生乎君子，乱生

① 方勇，李波译注. 荀子［M］. 北京：中华书局，2021. 第221页.

乎小人。”即国家的治理产生于君子，国家的混乱产生于小人。而且荀子对君子的为人处事各方面都提出了要求，他认为君子最主要的特征是“笃志而体”，即坚固其志、身体力行。用我们今天的话说，君子就是德、智、体、美、劳各方面都很优秀的人。由此可见荀子的君子人格标准，也就是我们现代优秀的管理者应达到的人格标准，这是我们进行有效管理的前提和保证。

二、荀子关于管理者的领导方法的思想

荀子对管理者的人格特征界定为君子人格，那么在具体的管理过程中其具体的领导方法是怎样的呢？荀子提出了哪些关于领导方法的独到见解呢？

（一）荀子提出了正人先正己的领导方法

荀子说：“必先修正其在我者，然后徐责其在人者，威乎刑罚。”[①] 即一定要先纠正自己身上的缺

---

① 方勇，李波译注．荀子［M］．北京：中华书局，2021．第152页．

点，然后再慢慢去责备别人身上的缺点，这比使用刑罚更有威力。换句话说，就是领导者要以身作则来感动部属，即以身教的教育方式直接影响部属。用孔子的话说就是“君子求诸己，小人求诸人”。首先要自我要求，然后才去要求别人；先管理好自己，才有资格去管理别人。

（二）荀子提出了严于律己、宽以待人的领导方法

荀子说：“故君子之度己则以绳，接人则用抴。度己以绳，故足以为天下法则矣。接人用抴，故能宽容，因求以成天下之大事矣。”① 即君子律己就像用墨线取直一样，待人像用舟船接客一样。因律己用墨线取直的标准，所以能成为天下人效法的准则；因待人用舟船似的胸怀，所以能对人宽容，凭借众人来成就治理天下的大业。这样严于律己、宽以待人、以身作则，就能接纳、汇集各方人才，从而使管理得以顺利进行。

---

① 方勇，李波译注．荀子［M］．北京：中华书局，2021．第63页．

（三）荀子提出了在管理中要抓重点的领导方法

荀子说："故明主好要而暗主好详。主好要则百事详，主好详则百事荒。"① 即英明的领导者好抓住要领，而愚昧的领导者好事无巨细一把抓。领导者好抓住要领，所有的事情就能办得周详；领导者好事无巨细一把抓，所有的事情就会都做不好。也就是说，荀子认为只有掌握重点，方可游刃有余、从容自在，把一个单位或国家管理好。

（四）荀子提出了在管理中要善待部下的领导方法

荀子说："马骇舆则君子不安舆，庶人骇政则君子不安位。马骇舆则莫若静之，庶人骇政则莫若惠之。选贤良，举笃敬，兴孝弟，收孤寡，补贫穷，如是，则庶人安政矣。"② 这就是说，领导者对属下应该关心，不要过度驱使。在《哀公》一文中，荀

---

① 方勇，李波译注．荀子［M］．北京：中华书局，2021．第182页．

② 方勇，李波译注．荀子［M］．北京：中华书局，2021．第118页．

子说："鸟穷则啄，兽穷则攫，人穷则诈。"[①] 即是说鸟儿穷极无路就会乱啄，野兽穷极无路就会乱抓，人穷极无路就会欺诈。这里用比喻说明了一定要善待部属，否则后果不堪设想。荀子还说："垂事养誉不可，以遂功而忘民亦不可。皆奸道也。"[②] 即领导者若是只求做事、只求成绩和荣誉，而完全不顾部属的感受、任意地驱使部属，或者领导者为了个人的功名而忘记民众，都是属于奸邪不正之路——在现代管理过程中，这种做法也是要失败的。

（五）荀子提出了在管理中要注重礼义的领导方法

荀子说："礼以顺人心为本，故亡于《礼经》而顺于人心者，皆礼也。"[③] 即礼以顺人心为本，所以即使不在《礼经》上但能顺人心的都是礼。而且荀子认为在国家管理中，如果没有礼制就不能安定，

---

① 方勇，李波译注．荀子［M］．北京：中华书局，2021．第 502 页．

② 方勇，李波译注．荀子［M］．北京：中华书局，2021．第 151 页．

③ 方勇，李波译注．荀子［M］．北京：中华书局，2021．第 435 页．

礼制是用来安定国家的，就好像秤能称轻重，墨线能用来正曲直，圆规、曲尺能用来定方圆一样。正如荀子在《王霸》篇中说："国无礼则不正。礼之所以正国也，譬之，犹衡之于轻重也，犹绳墨之于曲直也，犹规矩之于方圆也。"总之，荀子认为领导者在管理过程中，必须要用礼来引导人们走向正道。在现代管理过程中，注重礼义、礼节、礼貌仍然是不可或缺的。

（六）荀子提出了在管理中要注重上下级沟通的领导方法

荀子说："以仁心说，以学心听，以公心辩。"①即是说用仁慈的心去解说，用求学的心去倾听，用公正的心去辨别。这样在实际的管理活动中，领导者就容易让部属了解并接受自己的意思，从而使管理工作取得成功。荀子这种"善听之术"，表明其对于沟通是很重视的，值得我们学习，此实乃领导的沟通协调之道。说实话，在管理过程中，不管是领导者或被领导者，在听取意见时，都应该不厌其烦。

---

① 方勇，李波译注．荀子［M］．北京：中华书局，2021．第366页．

领导者在听取部属意见时，应该认真聆听，虚心纳谏；领导者在进行协调或仲裁时，应该具有公正之心，不偏不倚，真正做到为人民服务。荀子这种注重上下级沟通的领导方法在今天的管理中是过时的吗？答案是“非也”。

（七）荀子还提出了在管理中要赏罚恰当的领导方法

荀子说：“故不教而诛，则刑繁而邪不胜；教而不诛，则奸民不惩；诛而不赏，则勤属之民不劝；诛赏而不类，则下疑俗俭而百姓不一。”[①] 也就是说，荀子认为如果事前没有进行仔细的教育与引导，一遇部属有错就进行处罚，那么，会有很多人受到处罚，但是，受罚之人也没有因此而归于正道，日后错误仍然不断；如果只是不停地教导，犯了错也不处罚，如此，比较顽劣的部属根本不会知道警惕；如果只有罚而无赏，就没有对勤奋的部属提供勉励；如果惩奖不符合法律，那么民众就会疑虑、社会风气就会险恶而百姓就不会行动一致。因此，赏罚必

---

① 方勇，李波译注．荀子［M］．北京：中华书局，2021．第153页．

须恰当，过与不及都不能达到良好的效果，反而达不到原初设立赏罚的用意。① 其实，对荀子来说，在管理过程中，赏罚是教育的辅助手段之一，其真正目的是借此把全体人民及整个社会引向正道。

总之，荀子提出在管理过程中必须注重的领导方法是很多的，而且针对不同的情况也有不同的方法，这与我们今天现代管理中的许多领导方法也是不谋而合的。

三、荀子十分重视人的能力，并提出“知人善任”、任用“贤能”的用人原则

前文中，我们对荀子提出的在管理过程中必须注重的领导方法予以了简要说明，这里我们对荀子特别重视人（包括管理者和被管理者）的能力以及用人原则进行简单梳理。我们知道，荀子提出了只要把“人力”使用得好就可以创造奇迹的人定胜天的思想。他把劳动者从事生产的劳力称为“力”，又

---

① 欧阳逸．和谐与冲突——儒学与现代管理［EB/OL］．（2008－09－07）［2008－09－07］．http：// www. lantianyu. net/pdfll/ts056087 _ l. htm.

把“力”当作创造社会财富的根本要素。可以说，在先秦诸子中，荀子是最重视人才能力素质分析的先哲。他说：“得百姓之力者富。”这就是说，只有劳动者创造出更多的产品，国家才能够富足。

荀子从管理人员具备的知能力、言能力和行能力上做比较分析，将他们分为五类人：庸人、士、君子、贤人和大圣。既然荀子十分重视人的能力，当然在管理过程中就特别注重“知人善任”，任用“贤能”的人。我们知道，管理活动的两大任务就是用人和决策，两者中最关键的就是看选用什么样的人才，即用人原则。

荀子认为用“贤能”的人对管理国家是很重要的，他在人才的选拔、识别以及任用、考核等方面都有自己独到的观点，特别是他提出的“试观法”很有意思。他认为要把用贤看作国家兴盛的决定性因素，这种方法也叫“观其行”，即让人执行礼法，以观察其是否真诚地遵守礼法；让人处理复杂多变的事务，以观察其随机应变的能力；让人处于安乐之中，观察其能否克制欲望而不流于放荡；用声色权利加以诱惑，用愤怒、危险加以威胁，来考察他是否保持节操、忠于职守。那些真正有德才的人与确实没德才的人相比，就像白与黑一样，是无法对其进行欺骗和歪曲的。正如他在《君道》篇中的论述："校之以礼，而观其能安敬也；与之举措迁移，而观其能应变也；与之安燕，而观其能无流慆也；接之以声色、权利、愤怒、患险，而观其能无离守也。彼诚有之者与诚无之者，若白黑然，可诎邪哉?"①

此外，荀子继续解释说，伯乐不可能被马的好坏欺骗，因而君子也不可能被人的好坏欺骗。这就是英明帝王的用人之道。即"故伯乐不可欺以马，而君子不可欺以人。此明王之道也"。也就是说，以"试观法"考核贤者，其德才如何就会昭然若揭，一般不会产生较大的失误。当然，因为贤者的德行、能力有高低、大小之分，我们要具体情况具体分析，真正做到"论德而定次，量能而授官"，真正达到"人尽其才"的效果，形成富有管理效能的管理模式。

荀子还从反面的角度论证了必须"知人善任"、任用"贤能"的必要性，将不合适的人安置在不合适的岗位，对我们的管理是极其不利的。比如，荀子在《儒效》中强调说："人主用俗人则万乘之国

---

① 方勇，李波译注. 荀子［M］. 北京：中华书局，2021. 第201页.

亡，用俗儒则万乘之国存……”① 即君主任用庸俗的人，就会使拥有万辆兵车的国家灭亡；任用庸俗的儒者，就会使拥有万辆兵车的国家仅能保存……也就是说，荀子分析了小才大用的弊端，从反面论证了要对人的能力引起重视，任用“贤能”管理国家。在我们今天的管理过程中，管理者如果真能“知人善任”、任用“贤能”管理国家，就一定能把工作干好，把我们的国家建设管理好。

四、荀子在人才的培养、教育方面的思想以及激励措施

既然荀子特别重视人的能力以及特别注重“知人善任”、任用“贤能”的用人原则，那么在管理过程中对人才进行培养与教育以及采取一些行之有效的激励措施以促进管理工作就尤为必要了。

---

① 方勇，李波译注．荀子［M］．北京：中华书局，2021．第107页．

（一）荀子在人才的培养、教育方面的思想

荀子的育人思想主要反映在对育人的意义、对象、目的与方法等方面的认识上。荀子认为“人性恶”，不学习就无法改变这种恶性。“为之，人也；舍之，禽兽也”，即做到坚持学习，就成为人；舍弃学习，则无异于禽兽。“我欲贱而贵，愚而智，贫而富，可乎？曰：其唯学乎！”即“我”想由低贱变成高贵、由愚昧变成聪明、由贫穷变成富裕，行吗？答案是这个想法是可以通过学习实现的。也就是说，学习与否不仅决定了一个人是“做人”还是“当禽兽”，而且关系到一个人的贫富贵贱和聪明愚蠢。

对于管理人才的培养，荀子认为管理者分三个层次，即“士、君子、圣人”，在这三类人中又要以士、君子为重点，因为这类人是最前沿的、从事最实际工作的人。对于士他又分为通士、公士、直士、悫士四种，而且荀子认为，在这四种士中，通士或者公士是比较理想的管理者，其次为直士。这样，封建统治者要从士阶层中选拔管理人才就有了较为客观的评判标准。

为了更进一步论证不同类型管理行为所带来的管理效应的差别，荀子还从管理行为方式上把管理

者区分为修礼型、法治型（为政型）、笼络型和聚敛型等。当然，他认为最理想的管理者首先是修礼型，接着是法治型和笼络型。比如，《荀子·王制》说："成侯、嗣公，聚敛计数之君也，未及取民也；子产，取民者也，未及为政也；管仲，为政者也，未及修礼也。故修礼者王，为政者强，取民者安，聚敛者亡。"即卫成侯和卫嗣公是搜刮百姓、聚敛财富、精于算计的君主，心里根本没想到去笼络百姓；子产是懂得笼络百姓的执政者，却不懂得管理国政；管仲是管理国政的高手，却没有做到实行礼义等。所以，如果实行礼义，可以成就王业；如果处理好国政，可以使国家富强；如果能够笼络百姓，可以使国家安定；如果一心贪得无厌地聚敛财富，那就一定会灭亡。这就给管理者指明了荀子所要求的标准以及管理效应。

我国历史上有许多统治者推崇以礼治国，推行所谓的"仁政"，其实就是要取得理想的管理效应，从而使国家管理长治久安。另外，为了广泛开启人的智慧才能，荀子还主张大力发展教育。他说"学不可以已""学至乎没而后止也"，意指求学不可以停止、学习是无止境的、学习没到生命的最后一刻都不能终止，表达了对待学习的正确态度，即人们常说的"活到老，学到老"。这也可以看成最早的终身教育思想。对于整个学习过程，荀子还强调要勤奋好学。荀子说："君子之学也，入乎耳，箸乎心，布乎四体，形乎动静。"① 即君子的学习，进入耳中，记在心里，分布到四肢，表现在行动上。这对于加强全民文化教育、提高民族素质、形成礼义之邦都是很有帮助的，可以说是我国古代人力资源开发思想和人力资本投资理论的雏形。

（二）荀子对人才的激励所持的基本观点

我们知道，激励是指员工在工作过程中所受到的鼓励。激励能够改变员工的工作积极性，组织应根据员工的实际情况，选择适当的激励方式以促进员工工作绩效的提高。② 荀子主要提出了五种激励手段：

一为表率激励的管理方法。比如，荀子说："君者，仪也，仪正而景正。"③ 君主，好比测定日影的

---

① 方勇，李波译注. 荀子［M］. 北京：中华书局，2021. 第8页.

② 罗哲，沙治慧. 人力资源开发与管理［M］. 成都：四川大学出版社，2007. 第188页.

③ 方勇，李波译注. 荀子［M］. 北京：中华书局，2021. 第194页.

标杆；民众，好比标杆的影子；标杆正影子就正。说明管理者应以身作则、正己修身、为人表率来激励被管理者，从而提高管理效果。

二为尚贤激励的管理方法。他认为对内不许偏袒自己的弟子，对外不许埋没疏远自己的人。比如，若想找一个善于驾车的人，那么就应该面向社会公开招聘，能够达到“及速致远”的标准就录取他，这不就是得到善于驾车的人的办法吗？而且荀子认为对有能力的人就应该启用，对无能力的人就应该罢免，绝不应以亲疏、远近、尊卑而定取舍。更有甚者，荀子认为即使是帝王、公侯、士大夫的子孙，如果不遵从礼义，也要把他归入平民百姓；即使是平民百姓的子孙，如果积累了文献知识，品德端正，并能遵从礼义，也把他归入卿相士大夫。即“虽王公士大夫之子孙，不能属于礼义，则归之庶人。虽庶人之子孙也，积文学，正身行，能属于礼义，则归之卿相士大夫”。[①] 他以“礼义”作为贤与不肖的标准，打破尊卑贵贱的等级次序，对于实现人人平等的想法具有极强的推动作用。

三为赏罚激励的管理方法。他认为对于没有德

---

① 方勇，李波译注. 荀子［M］. 北京：中华书局，2021. 第114页.

行的人不能让他显贵，对于没有才能的人不能让他做官，没有功劳不应奖赏，没有罪行不应惩罚。而且他认为对于有德才的人，不必按级别次序而举用；对于疲软无能力的人，不必等待发生倾危才罢免。换句话说，如果为官不称职，应立即废除，做到能举能废、能上能下。

四为爱民利民激励的管理方法。比如，荀子说："故君人者欲安，则莫若平政爱民矣。""天之生民，非为君也；天之立君，以为民也。"① 即上天生育民众，不是为了君主；上天设立君主，是为了民众。在这里，荀子指出，只有爱民，管理者才能管理好民众；也只有爱民，才能稳固其地位和政权。而且他还引用"君者，舟也；庶人者，水也。水则载舟，水则覆舟"② 的理论来论证只有爱民利民才能深得民心并把国家管理好。

五为重用贤士，屏退奸邪的管理方法。他认为在管理过程中应广泛听取意见，使隐居的贤士显明，重用英明的贤士，屏退奸邪、进用忠良——呼朋结党互相勾结的吹捧，君子不听从；残害贤良、横加

① 方勇，李波译注．荀子［M］．北京：中华书局，2021．第453页．

② 方勇，李波译注．荀子［M］．北京：中华书局，2021．第118页．

罪名的诬陷，君子不采用……对流言蜚语、道听途说、没有根据的事情与计谋等，都要慎重对待。即《致士》篇中说："衡听、显幽、重明、退奸、进良之术：朋党比周之誉，君子不听；残贼加累之谮，君子不用……"① 也就是说，在管理过程中重用贤人、屏退奸邪之人，激励贤良的人脱颖而出，这既是一个优秀的管理者应该具备的基本素养，又是提高管理效率的有效办法。

---

① 方勇，李波译注. 荀子［M］. 北京：中华书局，2021. 第220页.

第三章

荀子关于社会生产组织的管理原则与思想

第三章

前面我们对荀子管理思想中关于人的管理进行了详细的阐述，那么，在具体管理过程中荀子对社会生产组织的管理又有何独到见解呢？荀子提出了“明分使群”的社会生产组织管理原则。

一、荀子“明分使群”思想的基本含义及提出目的

荀子把生产看作有组织的社会管理活动。他指出，人与动物的根本区别在于“能群”。荀子在《王制》中说：“水火有气而无生，草木有生而无知，禽兽有知而无义，人有气、有生、有知，亦且有义，故最为天下贵也。力不若牛，走不若马，而牛马为用，何也？曰：人能群，彼不能群也。”① 即水火有气却没有生命，草木有生命却没有知觉，禽兽有知

① 方勇，李波译注．荀子［M］．北京：中华书局，2021．第127页．

觉却不讲道义，人有气、有生命、有知觉，而且讲究道义，所以人为天下最高贵的。人的力气不如牛，奔跑不如马，但牛、马却被人役使，为什么呢？就是因为人能结合成社会群体，而它们不能。荀子坚持人“最为天下贵”的观点，认为人有特殊的能力，可以有意识地组织集体力量，肯定了人的主观能动性。

荀子在管理中重视群体的作用，是因为他认识到群体中成员的分工协作、互相补充，能够形成一种新的生产力。那么“人何以能群？答案是：分”。[①]“分”，就是按一定标准把现实中的人与事加以分类，再把相同、相似的人或事加以分类。“分”是社会组织管理的构成，是使“群”成为现实的社会管理组织。荀子认为“人生不能无群，群而无分则争，争则乱，乱则离”[②]“穷者患也，争者祸也，救患除祸，则莫若明分使群矣”[③]。他认为没有等级区分是人类社会的大害，有等级区别是天下的根本

① 王天海. 荀子·名家讲解［M］. 长春：长春出版社，2009. 第125页.

② 方勇，李波译注. 荀子［M］. 北京：中华书局，2021. 第127页.

③ 方勇，李波译注. 荀子［M］. 北京：中华书局，2021. 第138页.

制度。有了天和地，就有了上和下的区别；英明的帝王一旦确立，治理国家就有了等级制度。“无分者，人之害也；有分者，天下之本利也。”① “有天有地而上下有差，明王始立而处国有制分。”② 因而荀子要表明的是社会管理最基本的是“有分”。③

“分”的内涵极为丰富，主要包括人与人之间、百官的等级划分以及职业的划分等。对前者，荀子亦从两点加以论述。一是各阶层因分而形成的一般规定性。例如：请问怎样做君主？回答说：“要按礼义分配恩惠，公平而不偏私。”请问怎样做臣子？回答说：“要按礼义侍奉君主，忠臣顺从而不懈怠。”请问怎样做父亲？回答说：“要宽厚仁爱而有礼节。”请问怎样做儿子？回答说：“要敬爱父母而极有礼貌。”请问怎样做兄长？回答说：“要慈爱而表现亲近。”请问怎样做弟弟？回答说：“要恭敬顺从而不懈怠。”请问怎样做丈夫？回答说：“要尽力于功业而不随流俗，尽力亲近妻子而又有一定界限。”请问

---

① 方勇，李波译注. 荀子［M］. 北京：中华书局，2021. 第142页.

② 方勇，李波译注. 荀子［M］. 北京：中华书局，2021. 第117页.

③ 刘厚琴. 荀子管理心理思想探析［J］，商丘师专学报，1999（15）16.

怎样做妻子？回答说："要温柔顺从，丈夫无礼诚惶诚恐而自己保持肃静。"这些规矩，仅偏重于一个方面就会让社会产生混乱，若全部确立天下就会安定，人们就能够将之用来作为法则。当然，在怎样做妻子方面，荀子所认为的应"丈夫无礼诚惶诚恐而自己保持肃静"是不对的，带有严重的封建思想，但其目的是表达各阶层因"分"而形成的一般规定性，这是很有道理的。二是各阶层因其行为的不同，而进一步细分为诸种具体层次。如君主的贪、明、霸、王；臣的谄、顺、贼、篡、忠、谏、争、辅、拂、圣；一般人的小人、君子、顺民、奸民；士的公、通、直、悫、法、处；儒的俗、小、贼、散、雅、大，等等。①

荀子的"分"除等级名分外，还包括社会分工即职业的划分，比如荀子认为，农民分到田地去耕种，商人分取货物去贩卖，各种工匠分担事务去用力，士大夫分任职务去处理政事，诸侯国的国君分封领土去守卫，三公总领邦国去议事等就是例子。荀子继续解释说："明分职，序事业，材技官能，莫

---

① 任剑涛. 伦理的政治化定位——荀子思想主旨阐释［J］. 中山大学学报（社会科学版），1998（1）54.

不治理，则公道达而私门塞矣，公义明而私事息矣。”① 即明确名分职责，根据轻重缓急的次序来安排工作，安排有技术的人做事，任用有才能的人当官，没有什么问题得不到治理，那么为公家效劳的道路就畅通了而谋私的门径就被堵住了，为公的原则昌明了而谋私的事情就止息了。分职序事的结果，荀子谓之曰：“夫是之谓政教之极。”② 即这就叫作政治教化的最高境界。

总之，荀子认为“明分使群”是形成序官定次庞大的管理结构系统的基础。而且只有把社会成员进行不同等级的划分，进行一定的分工并给予相应的划分或名分，才能使社会管理有效运行。因而荀子提出“明分使群”的目的是明确的。

二、荀子认为人类社会必须“明分使群”，并对其理由进行了具体阐释

荀子认为，人类结成社会群体，没有“分”就

---

① 方勇，李波译注．荀子［M］．北京：中华书局，2021．第199页．

② 方勇，李波译注．荀子［M］．北京：中华书局，2021．第199页．

会发生争夺，“分”作为组织管理手段，是人类社会良性运转的基础。“群分”是社会分工和职业差别必然导致的结果，也是解决诸类矛盾的最佳方案。因此，人类社会必须“明分使群”。荀子说：“人生不能无群，群则无分则争，争则乱，乱则离，离则弱，弱则不能胜物。”即人活着不能没有社会群体，但有了社会群体而没有等级名分就会发生争夺，有了争夺就会产生动乱，产生动乱就会离心离德，离心离德就会削弱力量，力量削弱就不能战胜外物。

怎样能够保证“分”更有效率地达到“群”呢？唯有“义”。正如他说，等级名分为何能实行？回答是因为有道义。所以，按照道义确定名分，人们就能和睦协调，和睦协调就能团结一致，团结一致力量就壮大，力量壮大就会强盛，强盛了就会战胜外物，于是人们才能在房屋中安居。所以，按照四季的顺序，节制利用万物，完全能够统治天下。之所以要采用这种做法，没有其他的缘故，是根据名分和道义而来的。在这里，“义”的表现形式就是“礼”和“法”，前者是行为准则，更多地表现为风俗、习惯（下意识行为）；后者是国家意志的体现，更多地表现为法规、法令（强制性行为）。要做到“义”，就必须对资源和人群“善分之”，这样才能使得资源和人最有效率地配合起来。故荀子说：“兼足天下之道在明分。”[①] 即要使天下的人都富足，就要明确等级名分。

当然，荀子在这里所说的“分”，一方面是指人们之间的政治关系、社会伦理关系以及人们在生产过程中所形成社会生产关系、经济关系等，另一方面他更强调的是与社会生产相关联的“农以力尽田，贾以察尽财，百工以巧尽械器”的社会分工思想。因为，他认为用来供养一个人的产品是由各行各业所提供的，一个人无论如何不可能精通所有技艺，也不可能同时从事所有的职业，即“故百技所成，所以养一人也。而能不能兼技，人不能兼官”[②]。这是说要提高工作效率，在管理中专一的分工是不可少的。

荀子进一步指出：“有夫分义则容天下而治，无分义则一妻一妾而乱。”[③] 即有了那名分道义，就能包容天下而治理国家；没有名分道义，就是一妻一妾也不安定。而且荀子还认为，要调节人们的欲望，

---

① 方勇，李波译注．荀子［M］．北京：中华书局，2021．第146页．

② 方勇，李波译注．荀子［M］．北京：中华书局，2021．第138页．

③ 方勇，李波译注．荀子［M］．北京：中华书局，2021．第469页．

满足人们的需求，使人们的欲望一定不能因物资而困窘，物资一定不能因人们的欲望而枯竭，要使物资和欲望两方面相持而增长。也就是说，在荀子看来，没有名分，没有分工，是人类的大灾难。有了“分”，职务划定了，民众就不会谋求其他职位；等级确定后，社会秩序就不致混乱；同时要使人们在物资和欲望两方面协同满足和发展。这样，人类是能够“明分使群”的。

孟子曾说：“有大人之事，有小人之事。且一人之身，而百工之所为备。如必自为而后用之，是率天下而路也。”① 即有做官的人干的事，有当百姓的人干的事。况且一个人的生活，各种工匠制造的东西都要具备，如果一定要自己制造然后才用，这是带着天下的人奔走在道路上不得安宁。孟子还说“故曰：或劳心，或劳力，劳心者治人，劳力者治于人；治于人者食人，治人者食于人，天下之通义也”。即有的人使用脑力，有的人使用体力。使用脑力的人统治别人，使用体力的人被人统治；被人统治的人供养别人，统治别人的人被人供养：这是天下普遍的道理。而荀子也从人的生活需求多样化与个人技能局限的角度来论述这个问题，因而荀子是

---

① 孟子［M］．合肥：黄山书社，2001．第 82 页．

受到孟子思想影响的。当然荀子在继承孔孟分工论的基础上，还进行了更深入详尽的分析。比如前面已谈及的他认为分工是人类社会形成的必要条件，人必须分工才能够合作，通过合作使群体的力量不断强大，从而战胜自然界，不断发展。

荀子接着论述说："好书者众矣，而仓颉独传者，壹也；好稼者众矣，然后稷独传者，壹也；好乐者众矣，而夔独传者，壹也；好义者众矣，而舜独传者，壹也。倕做弓，浮游做矢，而羿精于射；奚仲作车，乘杜作乘马，而造父精于御。自古及今，未尝有两而能精者也。"① 即所以爱好文字的人很多，而只有仓颉一人传世，因为他能统一于道；爱好庄稼的人很多，而只有后稷一人传世，因为他能统一于道；爱好音乐的人很多，而只有夔传世，因为他能统一于道；爱好正义的人很多，而只有舜一人传世，因为他能统一于道。倕制造弓，浮游制造箭，而后羿专精于射术；奚仲管理马车，乘杜创作驾马车的方法，而造父专精于驾马车。由古至今，还未曾有过一心两用而能专精的人。也就是说，只有分工才能促进人们精于专门的技艺，从而带来技

① 方勇，李波译注. 荀子［M］. 北京：中华书局，2021. 第347页.

术的不断进步。

总之，荀子对人类能够“明分使群”做了详尽的阐释，他认为“明分使群”是社会分工和职业差别所必然导致的，也是解决诸类矛盾的最佳方案。“群分”作为国家管理手段，是人类社会良性运转的基础，而且“群分”是社会达到有序化控制的标志，人类能够而且必须“明分使群”。那么，荀子提出“明分使群”的具体内容是什么呢？如何来“明分使群”呢？

（一）职权与等级的划分

我们知道，在管理国家的过程中，对职权与等级进行划分也是一种管理手段。荀子把“分”看成人类组成社会的基本原则，是治理国家的根本方法。如果名分、名位相等，权势平均，就不能集中统一，也无法管理控制。荀子认为，社会的发展需要建立合理的等级结构，与此等级结构相应的就是一套相对不变的“贵贱有等”的等级制度和相对变动的组成人员相结合的政治管理运行制度。等级制度首先是名分和地位甚至品格上的上下分等，是贵贱、贫富、亲疏、长幼的分等，同时也是一套分工明确的职能制度。

因此，荀子为封建社会勾画了一个庞大的官僚体系，并规定了其中每一级的等级与职能范围。他说：“序官：宰爵知宾客、祭祀、飨食牺牲之牢数。司徒知百宗、城郭、立器之数。司马知师旅、甲兵、乘白之数。修宪命，审诗商，禁淫声，以时顺修，使夷俗邪音不敢乱雅，大师之事也。修堤梁，通沟浍，行水潦，安水臧，以时决塞，岁虽凶败水旱，使民有所耘艾，司空之事也。……论礼乐，正身行，广教化，美风俗，兼覆而调一之，辟公之事也。全道德，致隆高，綦文理，一天下，振毫末，使天下莫不顺比从服，天王之事也。”——这个由宰爵、司徒、司马、大师、司空、天王构成的官僚体系，担负着国家运转的职能，既划分了各个层次的等级，又划分了各个层次的职权。

此外，荀子还提出要明君、民之分，同时又提出，对人君者要厚。他说：“而人君者，所以管分之枢要也。”即君主就是掌管等级名分的关键。

上述的例子很多，在此就不一一列举了。

（二）合理的社会分工与职业划分

合理的社会分工与职业划分是国家管理的首要原则，也是重要的管理方法，其目的是使管理更有利于发挥人的积极性。前面我们已提及在荀子“明分使群”思想中，“分”的重要内容之一就是管理中的社会分工和职业结构。而且荀子根据当时的社会状况，主要划分出四种职业类别，即“士、工、农、商”。荀子认为，社会结构中的这四类人要各交其位，各负其责，“农分田而耕，贾分货而贩，百工分事而劝，士大夫分职而听，建国诸侯之君分土而守，三公总方而议，则天子共己而已”①。即农民分到田地去耕种，商人分取货物去贩卖，各种工匠分担事务去用力，士大夫分任职务去处理政事，诸侯国的国君分封领土去守卫，三公总领邦国去议事，那天子就只让自己拱拱手好了。具体说如下所示。

1. 明于士与农、工、商之间的关系的划分

首先士与农、工、商之间是德与力、精于道者与精于技者的关系，他说：“农精于田而不可以为田师，贾精于市而不可以为贾师，工精于器而不可以为器师。有人也，不能此三技而可使治三官，曰：精于道者也，精于物者也。精于物者以物物，精于道者兼物物。”② 即农民精于种田，却不能做管理农

---

① 方勇，李波译注．荀子［M］．北京：中华书局，2021．第173页．

② 方勇，李波译注．荀子［M］．北京：中华书局，2021．第346—347页．

业的官吏；商人精于买卖，却不能做管理市场的官吏；工人精于制造器物，却不能做管理器具制造的官吏。有的人，不会这三种技术，却可以让他们管理这三种职事。所以说，有精于管理的人，有精于劳务的人。精于劳务的人只能做具体的事，精于管理的人就能够治理做事的人。因此，荀子认为做事的、做技术的和管理者要明确分工，处理好两者的关系。

其次要根据士大夫的不同才能委以不同的职务，并享受比农民、手工业者和商人更优厚的物质待遇。他解释说："君子以德，小人以力。力者，德之役也。百姓之力，待之而后功；百姓之群，待之而后和；百姓之财，待之而后聚；百姓之势，待之而后安；百姓之寿，待之而后长。"① 即君子要靠德行，小人要靠劳力。用力的人要受用德的人役使。百姓的劳动，要依靠君子的教化才能得以完成；百姓的合群生活，要依靠君子的教化才能和睦；百姓的财物，要依靠君子的教化才能积聚起来；百姓的地位，要依靠君子的教化才能安定；百姓的寿命，要依靠君子的教化才能长久。荀子在此对脑力劳动

---

① 方勇，李波译注. 荀子［M］. 北京：中华书局，2021. 第145页.

和体力劳动进行了明确区分和分工，但其不平等观念跃然纸上，有其局限性。

最后，荀子还提出了“士大夫众则国贫”的观点。即士大夫太多，则国民所得就会在相当程度上被其获取，厚君裕民的原则将落空，这种管理思想对我们今天精简机构、减少人员是很有借鉴意义的。

2. 明于农业与工、商业关系的划分

首先荀子认为农、工、商各项产业均很重要。因为“故泽人足乎木，山人足乎鱼，农夫不斫削、不陶冶而足械用，工贾不耕田而足菽粟”[①]。即水边的人有足够的木材，山上的人有足够的鲜鱼；农民不砍削、不烧窑冶炼而有足够的器具；工匠、商人不种地而有足够的粮食。简而言之，荀子主张国家在管理社会、经济时，对农、工、商都应采取促进其发展的政策。

其次荀子还认为“工商众则国贫”。荀子这种论断是主张国家在处理农、工、商关系时必须坚持“省工贾，众农夫”的原则，即必须限制工商业的从业人数，尤其限制奢侈品工商业的发展，以保证农业劳动力的数量。

---

① 方勇，李波译注．荀子［M］．北京：中华书局，2021．第125页．

综合荀子的社会分工与职业划分思想，我们得知，士、农、工、商是封建社会最主要的社会分工，几种最主要的职业，处理好士、农、工、商之间的关系，目标是使“农以力尽田，贾以察尽财，百工以巧尽械器，士大夫以上至于公侯，莫不以仁厚知能尽官职”①。即农民尽力种田，商人尽力理财，各种工匠用自己的技巧尽力制作器物用具，士大夫以上直到公卿列侯尽力把自己的仁厚、智慧、才能都尽忠于公职，如此一来，太平盛世的社会就能实现。荀子关于士、农、工、商的这种社会分工与职业划分的思想，是当时流动性弱的社会现实的真实反映。

综上所述，我们对荀子“明分使群”的基本内容、含义、提出目的以及荀子认为人类社会必须“明分使群”的理由都做了深入而详尽的论述说明，使我们明白了荀子“明分使群”的目的是将人们的名分、职位、等级、地位等进行明确规定，把“分”作为“国制”的手段、方法，要求人们各守其职、各就其位，认为它是管理社会的根本方法，是社会生产组织管理的基本原则。这相当于现代管理心理学所说的组织的建立、群体的分工和角色的认可，

---

① 方勇，李波译注. 荀子［M］. 北京：中华书局，2021. 第51页.

它把社会有秩序地组织起来，从而维持社会管理的有效性，这也是荀子所追求的在社会生产组织管理方面至善至美的境界。

第四章

荀子的义利观及分配办法

第四章

前面我们对荀子关于人的管理以及“明分使群”的社会生产组织管理进行了深入细致的探讨。现在，我们来看荀子在义利与分配问题方面又有何观点及看法。事实上，任何管理理论都会涉及义利与分配问题，不管是管理者还是被管理者在工作之后还得讲求报酬与利益，还得消费。不涉及义利与分配问题，与义利、分配无关的管理是不存在的——荀子的管理思想也是如此。

一、 荀子的义利观及基本观点

荀子从欲望论出发，在继承儒家传统的义利观的基础上对其予以了大力的改造。他承认人追求欲望的合理性，但认为这样做的结果必然是激化人与资源的矛盾，从而引起社会的混乱。为此，荀子寄希望于作为“天君”的“心”的理性选择，要求用长远利益克服人的眼前利益的短视。其对义利的基本观点如下。

（一）荀子认为“心好利”是人的本性，是人的生命所必需

荀子说：“性者，天之就也；情者，性之质也；欲者，情之应也。”[①] 即是说本性，是上天造就的；情感，是本性的实质内容；欲望，是情感的感应。又说：“欲不待可得，所受乎天也。”他认为当人产生以后，就先天地具备了情感，有了情感，就必然产生对事物的欲求，这是“人生而有欲”的根据。在这里，荀子从起源上分析了人欲望的客观性。

接着，荀子又进一步阐述了人有多种欲望，他说：“今人之性，饥而欲饱，寒而欲暖，劳而欲休，此人之情性也。”[②] 即现在的人都是饿了想吃饱，冷了想穿暖，累了想休息，这就是人性。他认为这些欲望都是人类生存和繁衍过程中的生理本能需求。但是，随着这些最基本的需求得到满足，人就会开始追求更高级的物质和精神生活的享受，比如：“目

---

① 方勇，李波译注．荀子［M］．北京：中华书局，2021．第369页．

② 方勇，李波译注．荀子［M］．北京：中华书局，2021．第377页．

好之五色，耳好之五声，口好之五味。”[①] 就如同眼睛喜欢看美色，耳朵喜欢听动听的声音，嘴巴喜欢品尝美味。

人更进一步的欲望便是“贫愿富，贱愿贵”，贫穷的希望富裕，卑贱的希望高贵。但是欲望会不断增长，比如：吃饭，想有美味肉食；穿衣，想有绫罗绸缎；行路，想有车马；理财，想积累财富成为富翁。因而岁岁月月、世世代代都不知道满足，这就是人的本性。即荀子在《荣辱》篇中所说：“人之情，食欲有刍豢，衣欲有文绣，行欲有舆马，又欲夫馀财蓄积之富也，然而穷年累世不知足，是人之情也。”[②] 所以这种无限增长的欲望必然与物质的有限性之间形成尖锐矛盾。这时候，就需要用一些办法来限制人的欲望，保持社会和谐。

因此，荀子反对《老子》的“罪莫大于可欲”的观点，认为“罪过莫大于欲望膨胀，知道满足的平衡心理，是永远的富足”是不对的；也批评孟子的“养心莫善于寡欲”的思想，认为孟子的观点“养心性最好的办法是减少自身的欲望”也是不妥当

---

① 方勇，李波译注. 荀子［M］. 北京：中华书局，2021. 第11页.

② 方勇，李波译注. 荀子［M］. 北京：中华书局，2021. 第49页.

的。荀子提出了“欲不可去，性之具也”的观点，即欲望不能去掉，这是人的本性所具有的。[①]

（二）荀子提出礼义的经济起源说

荀子一方面提出“礼者，养也”，即把满足封建统治阶级的物质利益看成礼的重要内容；另一方面又说，只有通过礼义才能达到“养人之欲，给人之求”的目的。正因为这样，荀子认为礼义代表了封建统治阶级的根本利益。[②]“养人之欲，给人之求”，这个话非常重要，这是说圣人制定礼义最主要的功能是两个方面，一个养人之欲，一个是给人之求。养人之欲是说人都是有欲望的，制定这些礼是为了更好地满足人们的欲望。给人之求，是说人人都是有追求的，管理国家的首要目的就是供给人们这些需求。他说：“以义制事，则知所利矣。”“故人莫贵乎生，莫乐乎安，所以养生安乐者，莫大乎礼义。”有了礼，人们的欲望就会得到合理的调节，就不会无限度地扩张，这样就不会过多地耗费物力。物和

① 周建波．先秦诸子与管理［M］．济南：山东人民出版社，2008．第 91 页．

② 中国社会科学院经济研究所中国经济思想史组．中国经济思想史论［M］．北京：人民出版社，1985．第 378 页．

人的欲，两相平衡，相持而长，这就是一个非常好的状态。

（三）荀子提出“义与利者，人之所两有也”的观点

荀子认为，追求欲望的满足是人的本性，在这一点上圣人和凡人没有不同：“凡人之性者，尧、舜之与桀、跖，其性一也；君子之与小人，其性一也。”① 即是说，凡是人的本性，尧、舜和夏桀、盗跖，他们的本性是一样的；君子和小人，他们的本性也是一样的。但是每个人都同时有好义和好利两种品格。“义与利者，人之所两有也。”② 即道义和私利，是人们兼有的东西。

由于荀子认为好利是人的本能，是人们看眼前利益的产物；好义是人的修养，是人们看长远利益，能够自觉地用长远利益克服眼前利益的产物，所以他说，人生下来，本来就是小人，如果没有老师教导，没有礼法约束，就只能看到利益而已。换句话

① 方勇，李波译注．荀子［M］．北京：中华书局，2021．第383页．

② 方勇，李波译注．荀子［M］．北京：中华书局，2021．第451页．

说，荀子所要表达的是，义与利都是人们所必需的，是人们头脑中的两极，是所有人都有的。君子和小人的区别就表现在对待义利的不同态度：“为事利，争货财，无辞让，……唯利之见，是贾盗之勇也。……义之所在，不倾于权，不顾其利，举国而与之不为改视，重死持义而不桡，是士君子之勇也。”[①]即是说为了牟利，争夺钱财没有谦让，行为果断大胆，心胸凶狠暴戾，只看得见利益的那种贪婪的样子，这是奸商和盗贼的勇敢；轻易忘命而行为残暴，是小人的勇敢。只要正义所在，就不为权势屈服，不顾及自己的利益，即使把整个国家给他，也不为此改变看法，为坚持正义庄严赴死而不屈不挠，这是志士仁人的勇敢。

（四）荀子认为要“先义后利”“以义克利”

从国家管理的角度，儒家强调国家的统治者不应该把“利”，即个人的物质利益作为考虑问题的出发点。为什么呢？孟子认为，这里面有一个上行下效的问题：最高统治者带头讲利，就会刺激整个统

① 方勇，李波译注．荀子［M］．北京：中华书局，2021．第40—41页．

治阶层相互争夺，天下大乱。其中还有一个实际效果的问题：如果先讲义，人人得到满足，统治者也会得到最终的利益。因为从来没有讲仁义的人会遗弃他的父母，会怠慢他的君主。由此可见，孟子并不是真的要统治者不讲利，而是从统治者的根本利益出发，强调统治者要带头讲义，从而取得先义后利的实际效果。

荀子则把义利先后的问题提到统治者个人荣辱与国家强弱的高度，他认为首先讲义而后得到利者光荣，首先讲利而轻视义者耻辱。前者无往而不通，后者却处处受困；前者常常折服他人，后者却常受制于他人。这就是荣辱之间的重大区别，即“先义而后利者荣，先利而后义者辱；荣者常通，辱者常穷；通者常制人，穷者常制于人，是荣辱之大分也。”① 也就是说，追求道义，为义而死者是君子；唯利是图，处处争利的则是小人。所以，荀子坚持以义克利的观点，并指出以义战胜利是统治者的责任，即使是尧、舜也不能除去民众追求私利的欲望，但是能够使他们对私利的追求不胜过他们对道义的爱好。即使是桀、纣亦也不能除去民众对道义的爱

① 方勇，李波译注. 荀子［M］. 北京：中华书局，2021. 第42页.

好，但是能够使他们对道义的爱好不胜过他们对私利的追求。也就是说，义、利是人所两有，但两者是有偏重性的，要做到“先义而后利”。

对统治者来说，如果重道义，道义就会胜过私利；如果重私利，私利就会胜过道义。当然，荀子反对靠“去欲”或“寡欲”来管理国家，主张“道（导）欲”和“节欲”。① 特别是他主张欲望的满足要具有合理性，要对国家有利，这对我们今天仍然具有借鉴意义。当然，荀子要求节欲的思想在一定条件下也具有合理性。用他的话说，即使是天子，欲望也不能全部满足，但却可以接近全部满足；欲望即使不能去掉，满足欲望的追求却是可以节制的。总之，荀子提出了“先义后利”“以义克利”的观点，为维护统治阶级的有序的管理做了充分准备。

（五）荀子在提出自己的义利观的同时对诸子各家的义利观进行了批判

在义利观的问题上，荀子既反对道家的“无欲”“寡欲”思想，也反对墨子在分配问题上的无差别的

---

① 叶世昌，冯华论．荀子的以欲望论为基础的经济思想［J］．河南师范大学学报（哲学社会科学版），2004（2）58.

平等的爱的思想，而坚持儒家的有差别、等级的爱的思想（但他对孟子的“养心莫善于寡欲”的思想也提出批判）。比如他说，君子已经得到了礼的调养，又喜好礼的区别。何谓区别？就是高贵和低贱有不同等级，年长和年幼有一定的区别，贫穷的和富裕的、地位高的和地位低的都各有相宜的规定。荀子强调礼义不但是为了“养”，而且要体现“别”的原则，这当然是为了维护封建统治阶级的立场。

总之，荀子认为“心好利”是人的本性，“义与利者，人之所两有也”。更重要的是他提出并强调“先义后利”“以义克利”的观点。这些观点在我们现代管理中仍然具有重要意义。

二、荀子的分配办法及基本观点

既然荀子从宏观上对义利进行了具体的阐释，在具体的管理过程中就必然要谈分配。分配是管理过程中必不可少的一个环节，可以这样说，分配合理与否是衡量管理成功与否的一个重要标志。荀子的分配办法主要体现在其“明分论”思想中。我们在此将主要从封建统治阶级内部的分配以及士、农、工、商四民的分配两方面予以论述。

（一）荀子关于封建统治阶级内部的分配办法

关于封建统治阶级内部的分配，荀子依据效率原则，主张按职位、贡献（通过考核了解）发放俸禄。他说："德必称位，位必称禄，禄必称用。"这说明在荀子生活的时代，封建地主制生产方式已经牢牢地建立起来，官员已经不是原来世卿世禄下的封建领主，而变成了替封建国家服务、领取俸禄、定期接受考核的职业官员。基于此，荀子认为对封建国家的各级官吏要做到"守其职，足衣食，厚薄有等明爵服。利往卬上，莫得擅与孰私得"①。也就是说，臣民守职衣食足，俸禄多少按等级，爵位明确严服饰，社会产品与财富都归国家所有，任何人不得私自攫取。

荀子接着说："量地而立国，计利而畜民，度人力而授事。"② 即以丈量土地的多少来建立诸侯国，计算收益的多少来使用民众，估量人的能力来授予工作。也就是说，土地要由国家统一支配使用，这

---

① 方勇，李波译注．荀子［M］．北京：中华书局，2021．第415页．

② 方勇，李波译注．荀子［M］．北京：中华书局，2021．第141页．

就是郭沫若说当时的农民“仿佛是国家佃农形态”的原因。明白了这一点，才能理解为什么封建国家会把用赋税手段征收的社会剩余产品，在统治阶级内部按等级高低的原则进行分配。事实上，荀子为官员设计的这套社会产品分配办法，与实际生活相比是有比较大的差距的。当时的不少官员通过封建国家的封赏以及购买已经取得了大量的土地，这样就使得他们除按官职领取俸禄外，还有地租收入。随着封建土地私有制度的发展，官员拥有土地的情况越来越普遍。由此可见，荀子的关于社会产品如何在统治阶级中分配的思想，并没有完全反映封建地主阶级所有制生产方式的社会分配关系。这是荀子时代封建土地私有制关系还没有发展成熟，封建国家土地所有制仍占主导地位的反映。

（二）荀子关于士、农、工、商四民的分配办法

荀子的分配思想继承了儒家传统的有差别、有等级的爱的理论，要求给“士”这个阶层“尝以富

厚”，使他们能过上“重色而成文章，重味而成珍备”[①] 的奢侈生活，以达到“足欲”。也就是说，根据荀子的设想，“士”这个阶层不仅能得到生活必需品，而且能得到各种奢侈品，这是物资富饶有余的表现。至于庶人或直接从事生产的农民、手工业者和从事产品交换的商人在分配中应得的产品数量，他说：“皆使衣食百用出入相掩，必时臧馀。”[②] 即这些阶层的人要使衣食以及各种费用的支出能和收入相当，必须收藏多余的粮食财物，要做到满足其基本生活要求。他又说：“愿悫之民完衣食。”[③] 即忠厚老实的百姓能保全穿的吃的就可以了，也就是说，在扣除了生产费用之后，他们只能得到生活必需品。这里需要说明的是，不管荀子对封建统治阶级内部的分配以及士、农、工、商四民的分配思想如何，他对农业、农民是相当重视的。因为荀子已经看到，由于受当时低下的生产力水平的限制，农业是最主要的生产部门，只有农业生产发展了，才

---

① 方勇，李波译注. 荀子［M］. 北京：中华书局，2021. 第197页.

② 方勇，李波译注. 荀子［M］. 北京：中华书局，2021. 第141页.

③ 方勇，李波译注. 荀子［M］. 北京：中华书局，2021. 第298页.

能带动工商业和其他产业的发展，所以荀子和先秦其他的思想家一样，特别重视农业生产的作用。他说“善生养人者人亲之”，即是说善于养活、抚育人的，人们就亲近他；又说“故田野县鄙者，财之本也”①，即田野乡村，是财物的本源。

总之，荀子的分配办法是依据效率原则，主张按职位、贡献分配，按我们今天的话来说就是“多劳多得”。同时，他认为人的欲望虽然不可消灭，但要求满足欲望的“可求”则是可以节制的。因此，他要求人们节制其欲望，把人的无贵贱差别的生理上的自然欲望，与由“礼”制约和引导的有贵贱差别的满足欲望的要求区别开来，从而提出了其见解独到的分配原则，这在我们现代管理中仍具有实操性。

---

① 方勇，李波译注. 荀子［M］. 北京：中华书局，2021. 第156页.

第五章

荀子『隆礼重法』的社会管理思想

第五章

前面我们介绍、分析了荀子关于对人的管理、荀子关于“明分使群”的社会生产组织原则以及荀子关于义利观及分配办法等的内容。对其稍加注意就会发现，在荀子以上的管理思想中，凡举如政治、经济、文化乃至个人修养与人性等方面，皆没脱离礼的概念。可以这样说，礼的思想将荀子的整个学说加以连结与串通而成为一个完整的体系，它是通贯荀子思想的总概念。但是，光有礼还不行，还必须发挥法的作用才更有利于社会管理，因此荀子提出了“隆礼重法”的社会管理思想，而且他把“隆礼重法”简要概括成：“故古者圣人以人之性恶，以为偏险而不正，悖乱而不治，故为之立君上之势以临之，明礼义以化之，起法正以治之，重刑罚以禁之，使天下皆出于治，合于善也。”① 即古代的圣人认为人的本性是邪恶的，认为人们是偏邪险恶而不端正、悖逆作乱而不守秩序的，所以他们要确立君

① 方勇，李波译注. 荀子［M］. 北京：中华书局，2021. 第381页.

主的权势来统治他们，彰明礼义来教化他们，建立起法治以管理他们（此“法治”应区别于今天的“法治”概念），重用刑罚以禁止他们，使天下人都从遵守秩序出发，符合于善良的标准，这就是荀子“隆礼重法”的基本含义。

一、荀子“隆礼”的社会管理功能

在荀子的管理思想中，特别注重“隆礼”。荀子是中国古代第一位详细论述礼制的人。

（一）荀子认为“礼”对社会人群的等级名分进行了明确的规定，它是区分人的等级的标准

荀子说：“《礼》者，法之大分、类之纲纪也。”[①] 即“礼”是行为规范的大限，也是以法类推的各种条例的纲要；“礼者，贵贱有等，长幼有差，贫富轻重皆有称者也”[②]，即礼规定了贵贱的等级，

① 方勇，李波译注. 荀子［M］. 北京：中华书局，2021. 第7页.

② 方勇，李波译注. 荀子［M］. 北京：中华书局，2021. 第141页.

长幼的差别，贫富、负担轻重都各有所宜。他说：“礼也者，贵者敬焉，老者孝焉，长者弟焉，幼者慈焉，贱者惠焉。”① 即所谓礼义，就是尊重高贵的人，孝顺年老的人，敬重年长的人，慈爱年幼的人，施恩惠给卑贱的人。“贵贵、尊尊、贤贤、老老、长长，义之伦也。行之得其节，礼之序也。”② 即尊重地位高贵的人、尊敬官爵显赫的人、敬重有德才的人、敬爱年老的人、敬重年长的人，这是道义的伦理。奉行这些仁义之道能有节制，就是礼的秩序。“礼者，节之准也。”③ 即礼制，是确定法度的标准。荀子接着解释说：“辨莫大于分，分莫大于礼，礼莫大于圣王。”④ 其意见是，对事物的区分没有比确定名分更重要，确定名分没有比制定礼法更重要，制定礼法没有比效法圣王更重要。也就是说，“分”是使社会上不同职业、不同等级的人按照自己的职分行事。用通俗的话来说，就是古代先王用名分治理

① 方勇，李波译注. 荀子［M］. 北京：中华书局，2021. 第434 页.

② 方勇，李波译注. 荀子［M］. 北京：中华书局，2021. 第435 页.

③ 方勇，李波译注. 荀子［M］. 北京：中华书局，2021. 第224 页.

④ 方勇，李波译注. 荀子［M］. 北京：中华书局，2021. 第60 页.

民众，用等级对他们加以区别，使民众有的人受到封赏，有的人受到贬罚；有的人俸禄优厚，有的人俸禄微薄；有的人安逸，有的人劳苦，并以此来维持社会管理的等级秩序。而人的等级又是通过“礼”所规定的穿戴不同的服饰、使用不同的乐器、居住不同的房屋来加以区分的。如天子穿戴杂红色的龙袍和礼帽；诸侯穿戴黑色的龙袍和礼帽；大夫穿裨衣、戴礼帽；士则仅戴白鹿皮的帽子。服饰不是为了美观而制作的，乐器不是为了追求音乐而造的，宫室台榭不是为了居住舒适而建的，所有一切都是用来辨别贵贱、吉凶、轻重的。

（二）荀子认为“礼”是事物的规范

1. 荀子认为礼为个人行为、修养的规范

个人之修身行事，必以礼为依循。比如，荀子《修身篇》说：“礼者，所以正身也；师者，所以正礼也。无礼，何以正身？无师，吾安知礼之为是也？礼然而然，则是情安礼也；师云而云，则是知若师也。情安礼，知若师，则是圣人也。故非礼，是无法也；非师，是无师也。不是师法而好自用，譬之是犹以盲辨色，以聋辨声也，舍乱妄无为也。故学

也者，礼法也。”[1] 即是说，礼法，是用以正身的；老师，是为了正确解释礼法的。无礼法，用什么来正身？无老师，“我”怎么知道礼应当是这样的？礼法这样规定“你”就这样做，是性情安于礼法；老师这样说“你”就这样说，是理智顺承老师。性情安于礼法，理智顺承老师，这就是圣人。所以，违背礼法，就是无视法度；违背了老师，就是无视师教。不遵循师教法度而喜欢刚愎自用，就好比让瞎子辨别颜色，让聋子辨别声音，除了胡说妄为之外，不会有所作为的。因此，学习，就是学习礼法。《礼论》篇则更明确地阐述了礼是人们行为修养的准则问题。如果不以礼为准则，不能严格遵循礼制，就会被称为“无方之民”；而以礼为准则，严格遵循礼制，则会被称为“有方之士”。思维能得礼的要领，称之为“善于思想”；行为能够坚持以礼为准则，称之为“善于坚持”。善于思想、善于坚持，再加上喜爱礼，就是圣人。“故天者，高之极也；地者，下之极也；无穷者，广之极也；圣人者，道之极也。故学者固学为圣人也，非特学为无方之民也。”[2] 也就

---

① 方勇，李波译注．荀子［M］．北京：中华书局，2021．第21—22页．

② 方勇，李波译注．荀子［M］．北京：中华书局，2021．第306页．

是说，荀子认为天是高的极点；地是低的极点；无穷，是广阔的极点；圣人，是道德的极点。所以学习的人，应当努力学习力争向圣人的方向发展，不是学习做个无视法度的人。

2. 荀子认为礼为政治之规范

荀子说："故凡得胜者必与人也，凡得人者必与道也。道也者何也？曰：礼让忠信是也。"[①] 即他主张为政用人必以礼也，并在其言论中屡次言之。他在《王霸篇》中说："上莫不致爱其下，而制之以礼。"此话即为强调君主管理民众必须以礼为制度。在《致士篇》中说："刑政平而百姓归之，礼义备而君子归之。"[②] 即刑罚政令公平，百姓就归聚到他那里；礼制道义完善周备，君子就归聚到他那里。

（三）荀子认为"礼"有多方面的社会功能，在社会生活中具有重要的作用

荀子认为"礼"的首要社会功能就是"化性起伪"的作用。把人的性恶转化为善，要通过"礼义"

---

① 方勇，李波译注. 荀子［M］. 北京：中华书局，2021. 第255页.

② 方勇，李波译注. 荀子［M］. 北京：中华书局，2021. 第221页.

的教化来实现。通过“礼义”的教化使人认识到“性恶”的害处，认识到人的欲望的必然性和合理性以及它的危害性，认识人自身的“群”和“分”的特征，认识到如何节制欲望和克服可能引起的争斗，把人的欲望限制在社会能容忍的范围，从而实现人与人之间的协调（善）。

荀子认为“礼”的另一个社会管理功能就是有条件地满足人的欲望，因为欲望是人性的一部分，所以不能“寡欲”，更不能“灭欲”，而是只能“节欲”。“礼”的本质是“养人之欲，给人之求”。① 这种“养”和“给”不是无限制的，而是有节制的“养”和“给”。他说：“欲虽不可尽，可以近尽也；欲虽不可去，求可节也。所欲虽不可尽，求者犹近尽；欲虽不可去，所求不得，虑者欲节求也。道者，进则近尽，退则节求，天下莫之若也。”② 即是说，按照“礼”的规定，尽量满足人的欲求；同时又用“礼”的规定节制人的欲求。“从人之欲，物不能瞻也”，即只有用“礼”来调节人的欲望，并限制在一

① 陈德述．儒家管理思想论［M］．北京：中国国际广播出版社，2008．第 186 页．

② 方勇，李波译注．荀子［M］．北京：中华书局，2021．第 369 页．

定的程度和一定的范围之内，这才是合理的。[①] 这是荀子对礼的作用的辩证理解。

荀子还从治国的角度来论证礼的作用。他说："国无礼则不正。礼之所以正国也，譬之犹衡之于轻重也，犹绳墨之于曲直也，犹规矩之于方圆也，既错之而人莫之能诬也。"[②] 即国家没有礼制就不能安定。礼制是用来安定国家的，就好像秤能用来称轻重，墨线能用来正曲直，圆规、曲尺能用来定方圆，规矩已经设置好了就不许谁胡来。

他还从反面论证礼的作用。他说："人无礼则不生，事无礼则不成，国家无礼则不宁。"[③] 于是，他得出结论说："礼"是"治之经"即治理国家的纲领，"国之命"即国家的命运。换句话说，他把"礼"自然而然地运用于国家管理之中，从而达到维持国家实体秩序的目的。

孔子说："不学礼，无以立。"[④] "能以礼让为国

---

① 陈德述．儒学文化新论［M］．成都：四川出版集团·巴蜀书社，2005．第 244 页．

② 方勇，李波译注．荀子［M］．北京：中华书局，2021．第 170 页．

③ 方勇，李波译注．荀子［M］．北京：中华书局，2021．第 15 页．

④ 张燕婴译注．论语［M］．北京：中华书局，2007．第 259 页．

乎，何有？不能以礼让为国，如何礼？”① 孔子这里的“礼”是作为每个人应有的道德实践提出来的，是从血缘亲情上立论，在这种道德实践中生发出一种由个体到全体的礼让。孟子主要是从性善方面来为“礼”立论。孔子与孟子都以“仁义”释“礼”，注重人的自立自觉的道德意识。荀子则从节欲、养欲的角度释“礼”，注重礼对人的规范与引导，因而荀子对“礼”的解释与孔孟相比情感的色彩更加少而理智化。简言之，孔孟论“礼”有“礼”由内生之义，主要放在心性之上，而荀子论“礼”则是以“礼”为外作，着重于天地自然与社会之中。荀子把“礼”明确表述为清醒的人类理性形式和严格的社会规范，试图把古老的、温情的“礼”纳入冷静的国家政治管理制度之中，这是荀子把理论和实践相结合的一次重大尝试。

如果说孔子之后，孟子师承孔子，进一步阐发了孔子“礼”论中的“内圣”的心理学意义的话，那么，荀子则进一步继承和发展了孔子“礼”论中的“外王”的内涵，丰富了“礼”的社会历史属性，为“礼”走向现实政治夯实了理论基础，做好了理

① 张燕婴译注. 论语［M］. 北京：中华书局，2007. 第46页.

论铺垫，使之成为中国古代社会管理思想发展史的重要构成部分。①

二、荀子“重法”的社会管理功能

前面我们已经谈到荀子认为礼义对于人们的行为、社会人群的等级名分、社会秩序等具有规范作用。根据荀子所认为的“贵贱有等”的社会秩序来看，遵守“礼”的规范的是“由士以上”者，他们有较强的自觉性；而人数大大多于“由士以上”者的百姓的这种自觉性则少，于是需要礼义进一步发展为强制性的“法”。因为百姓的人数最多，称为“众庶百姓”，而“由士以上”者则多为管理者，所以用“法”对“众庶百姓”的管理是政治管理意义上的“治”。因此，荀子说：“法者，治之端也。”即法制是治理国家的开端。

荀子随即又提出了“重法”的社会管理思想，并对其进行了深入细致的剖析。从当时的社会背景看，战国末年，各国竞霸，人心思动，社会阶层的

① 梁宁森．试论礼在中国古代管理思想中的主导作用［J］．濮阳职业技术学院学报，2005（18）50.

流动已经司空见惯，荀子的礼治之术不过是对天下士子奔走于诸侯之间的现实表示默认而已。百家争鸣激越之时，各诸侯国先后谋变，法家功利之士已经身居治国之主流，儒、道、墨等家只能作壁上观，无可奈何。荀子的礼治一说虽有理可据，但也被法家挤到了边缘。那种尴尬的处境迫使其所代表的儒家做出了转向“隆礼重法”的选择。因此，荀子强调，在对国家进行管理的过程中，必须把“隆礼”和“重法”结合起来。

荀子认为，“重法”对于一个社会的治理是绝对必要的，“治之经，礼与法”，礼与法是治理国家的关键。“众庶百姓则必以法数制之”，凡“士”以上的人用礼义来制约他们，而平民百姓则用法度来限制他们，无“法”则社会不能治理。

在儒家看来，对社会的治理主要是对人的治理，治“人”要以人性为依据，其主要任务是改造人性。荀子认为，人性多欲，而人的欲望又是没有止境的。如果“从人之性，顺人之情，必出于争夺”[①]，那么就会“欲恶同物，欲多而物寡，寡则必争矣”[②]，就

① 方勇，李波译注．荀子［M］．北京：中华书局，2021．第375页．

② 方勇，李波译注．荀子［M］．北京：中华书局，2021．第138页．

会导致人们因“犯分乱理”而犯罪。因而对于罪犯，必须以“法”加以惩治，这也是对人性进行改造的一种手段。①

当然，荀子认为：对于犯罪的处罚，要“刑当罪”，“杀人者死，伤人者刑”；要公正，要“公义胜私欲”；要“刑不欲滥”②，“无罪不罚”，“行一不义，杀一无罪而得天下，不为也”③。即刑法不能滥用，没有罪就不能惩罚。做一件不义的事、杀一个无罪的人就能取得天下，有德行的人是不会那样做的。而且荀子一再强调不能因为与别人有仇就回避他，不能因为是自己的亲戚或弟子就偏袒他，不能因为与别人关系疏远就埋没他等。对那些作恶多端的人或庸人要注意处理分寸，该严惩就要严惩，从而有利于社会管理，使社会规范有序、健康发展。

---

① 陈德述．儒学文化新论［M］．成都：四川出版集团·巴蜀书社，2005．第244—245页．

② 王天海．荀子·名家讲解［M］．长春：长春出版社，2009．第226页．

③ 方勇，李波译注．荀子［M］．北京：中华书局，2021．第94页．

三、荀子对“隆礼”与“重法”进行辩证的分析，认为“礼法交糅、治人治法”不可分割

从辩证唯物主义与历史唯物主义的观点来看，任何事物都是相互联系、相辅相成的，荀子“隆礼重法”的社会管理思想也是如此。

荀子认为既要“隆礼”，又要“重法”，礼法交糅、治人治法，融为一体而不可分割。他说：“隆礼至法，则国有常。”这句话是说推崇礼义，完善法制，国家就会有秩序，用“礼”“法”来保证国家的秩序稳定，体现了荀子的社会政治管理思想。也就是说，荀子认为，在国家社会的管理中，除了“隆礼”外，还必须通过“法度”来约束人的行为。因为通过教化之后，仍然会有不为“善”的、甚至犯罪的人，所以强制的“法”是社会管理必不可少的。这样把“隆礼”和“重法”结合起来，以礼为主，礼法结合，刚柔相济，相得益彰，相辅相成，就克服了只讲“礼义”教化、不讲“法度”禁罚的片面性，或者是只讲“法度”的禁罚不讲“礼义”教化的片面性。

在荀子的思想中，“礼”是让老百姓得到有序管理的基本标准与规范，是做任何事的前提条件，对那些坏的行为有提前预防的作用，对人的修养、控制与发展起到一种内控的作用。而“法”是消极的处罚，惩恶于已然，它是一种外在的标准与规范。当然，“法”是“礼”的基本精神原则的体现，它要受到“礼”的制约，受“礼”指导而运用于现实社会中，也就是说，“礼”是统率。而且荀子特别强调凡是“礼”所允许的东西，“法”是不能禁止的；凡是“礼”所不允许的东西，“法”必须予以禁止。

事实上，在荀子管理思想中，礼有自觉自愿的成分，法有强制执行的成分，礼法结合是一种基本的社会管理模式。① 这一模式正常运行，则社会安定、政治稳定，否则社会动乱、政治不稳定。也就是说，荀子想要把偏重伦理与道德修养的礼一分为二，即礼与法，以礼保持人伦成分，以法保持社会管理与控制成分，从而以内外控制两方面达到社会管理目的。

中国现代著名思想家、哲学家、教育家，当代

① 盛庆旺．中国古代法文化之价值目标［EB/OL］．（2009－05－03）［2009－05－03］http：//www.studa.net/faxuelilun/100103/16000539－2.html.

新儒家主要代表唐君毅认为：荀子“言政以教为本”，强调对于民众要教之，反对“不教而诛”，如此“则刑繁而邪不胜”；也反对“教而不诛”，如此“则奸民不惩”[①]。由于“人之性恶”，所以既要“隆礼”，又要“重法”，既要教化，又要刑罚，把自律和他律统一起来，这两种管理的手段交互为用，就成了逻辑的和事实的必然，这也是荀子管理理论的鲜明特征。[②]

从实践上看，荀子的理论较为合乎管理的实际。如果只讲德治，过分强调道德的自律，把人性看成纯粹的善，容易脱离实际而走向极端。司马谈批评儒家说：“劳而少功。”相反，如果只讲法治，把人看成是好利自私的动物，完全用强制的手段来进行管理，容易残忍而走向另一个极端。司马谈亦批评法家说：“严而少恩。”荀子的学说克服了两个极端，既讲“礼义”的教化，又讲“法度”的强制，把自律与他律在“礼义”教化的基础上统一起来。因此，

---

① 方勇，李波译注. 荀子［M］. 北京：中华书局，2021. 第153页.

② 陈德述. 儒学文化新论［M］. 成都：四川出版集团·巴蜀书社，2005. 第245页.

荀子“隆礼重法”的社会管理理论切于实用。[①]

当然，在荀子的管理理论中，“礼”是高于“法”的，法制是治理国家的开端。法虽由礼义而来，但其是在礼义的统摄之下的，而非“青出于蓝而胜于蓝”的关系。礼义由圣人所制，而法则“原出于君子”，“君子”是什么样的呢？“今之人，化师法，积文学，道礼义者为君子。”[②] 可见君子是遵守礼义的人，法则是由遵守礼义的人创制的，所以“礼”之于“法”有一种天然的高贵性。故荀子又有“《礼》者，法之大分、类之纲纪也”[③] 的说法，肯定礼是法的根本。这表明了荀子是在儒家立场上吸取了法家的某些观念来提出法治问题的，他以法治充实礼治，以礼治统摄法治的社会管理思想，是对战国末期以来发展的地主阶级封建制和建立中央集权专政的自觉适应，也是他继承和坚守儒家基本立场的自觉表现。

总之，荀子以人性恶为基础提出了“隆礼重法”

---

① 陈德述. 儒家管理思想论［M］. 北京：中国国际广播出版社，2008. 第 80—81 页.

② 方勇，李波译注. 荀子［M］. 北京：中华书局，2021. 第 376 页.

③ 方勇，李波译注. 荀子［M］. 北京：中华书局，2021. 第 7 页.

的社会管理思想，对“隆礼”与“重法”都进行了具体阐述，认为“礼”是制定法律的总纲，是财富分配的标准，是社会成员一切生活行为的规范；而“法”是改造人性的手段，在法的内容里渗入了礼的原则和精神，认为“法”由“礼”而产生、由“礼”而制导、由“礼”而生效，“故非礼，是无法也”即“礼”更为核心。通过“隆礼重法”这把双刃剑，荀子想要表明“隆礼尊贤而王，重法爱民而霸”，从前者、从伦理上着眼，从后者、从社会控制与管理上着手，前者提供模式，后者使其落实。① 荀子的理论显然比孔孟的理论对社会管理的实际操作更具有现实意义，“隆礼”与“重法”两种管理手段交互为用，这是一种非常积极的“王”的思想，即“王霸观”，给儒家管理学说增添了新的生命活力。

① 任剑涛．伦理的政治化定位——荀子思想主旨阐释［J］．中山大学学报（社会科学版），1998（1）54.

第六章

荀子管理中的『王霸观』

第六章

上一章我们对荀子管理的具体措施予以了详细而深入的分析。作为管理者，不仅要考虑具体的管理措施问题，而且要有整体管理概念，要从宏观的角度、从全社会的角度来看该如何管理、达到一种什么状况才更为理想。荀子作为一个现实主义者，他对管理的看法就是如此——既具体又宏观。他的管理思想的一个重要方面就是关于国家起源的学说。关于国家起源，荀子有一个万物整体的观念，主张国家起源于以一统万的需要。荀子说："万物同宇而异体。"就是说万物都在一个宇宙之中，但是各有各的性质，各有各的位置。如果没有一个君长来管理这个社会，如果没有在上者来领导、统一在下者，那么天下伤生、纵欲的情形就会发生，因而他提出了成就"王者"的管理思想——"王霸观"。

一、 荀子王霸观的主要观点

荀子在其思想理论中特别讲到王道和霸道。所谓王道就是以德服人，霸道是以力服人。王道之服就像七十二子服孔子，那是“衷心悦而诚服”；霸道是以力服人，这种服不是心悦诚服，而是因为被服的一方力不足、被动地服从。

荀子关于王霸观的阐述主要体现在对秦国霸业的认识以及未来的发展方向上。荀子曾经到过秦国，见过秦昭王和当时秦国的宰相应侯范雎，对于秦国的成就做了很高的评价。应侯问孙卿子曰：“入秦何见?”荀子回答说：“其固塞险，形势便，山林川美，天材之利多，是形胜也。入境，观其风俗，其百姓朴，其声乐不流污，其服不挑，甚畏有司而顺，古之民也。……故四世有胜，非幸也，数也。”① 也就是说，荀子认为秦国的自然形势、地理位置优越；秦国的老百姓以及他们的风俗习惯朴实，很尊敬、服从他们的官长；秦国的下层官僚，他们都是恭恭

① 方勇，李波译注. 荀子［M］. 北京：中华书局，2021. 第260—261页.

敬敬地认真办理他们的职务所规定的事；秦国的中上层官僚都奉公守法，不结党营私，最高统治者他不做什么事而什么事都做了即“无为而治”，因而荀子得出结论说秦国四代都战胜其他的诸侯国，这是理之当然，并不是侥幸。他在《王霸》篇中说“人主之职”是任贤使能，而不是自己亲自办事。所以“之主者，守至约而详，事至佚而功”①。就是说，统治者“无为无不为”。这三句话说出了法家管理的主要精神——荀子认为这是最好的管理方法，秦国的管理方法与此类似。

荀子在《王霸》篇中还继续说，如果一个国家具有了以下四个条件即“其法治，其佐贤，其民愿，其俗美”②，就可以无敌于天下。他认为当时的秦国，几乎已经具备了这四个条件，但还应当再往前进以达到他所理想的境地。于是他说：“粹而王，驳而霸，无一焉而亡。”即霸道虽然不错，但在程度上比王道还差一层，没有王道那么“纯粹”，还有一点“杂驳”，还需要在程度上更进一步。

荀子把他理想的政治叫作“王”，次等的叫作

---

① 方勇，李波译注．荀子［M］．北京：中华书局，2021．第171页．

② 方勇，李波译注．荀子［M］．北京：中华书局，2021．第178页．

“霸”。按“霸”的标准说，秦国已经登峰造极了，但是同“王”比起来，还差一层。这就是荀子的王霸观。

二、荀子主张王道、反对霸道，并提出施行王道的具体办法与措施

从上述荀子的王霸观可以看出，荀子是主张王道、反对霸道的。而且他还进一步论述说，管理天下的人应该具有内圣外王之德。他说天下之事，治理国家是最重要的，管理者要处理各种各样复杂的事务，不是能力最强的人是不能胜任的，不是非常精明的人是不能很好地尽管理之责的。也就是说，他所希望的国家的管理者是圣人。

面对当时春秋五霸的社会现实他认为是不值得称道的，因为他认为春秋五霸“非本政教也，非致隆高也，非綦文理也，非服人之心也”。即五霸所建立的功业，不是出于道义，不是出于政教，而是靠力量。他们是以力服人，而不是以德服人。他们明明是在争夺，可是表面上给人以辞让的假象；他们

明明是在追逐利益，但是嘴上讲的是仁义。[①] 也就是说，荀子进一步表明他在国家管理上主张王道、反对霸道的观点，并提出了“力术止，义术行”即停霸道、行王道的管理办法。他说：“秦国威强乎汤武，广大乎舜禹。”秦国威力的强大和统治地域的广大，都是以前所没有的。然而秦国有很多的问题，“常恐天下之一合而轧己也”，经常恐惧其他强国联合，一起来反对它，这表明专靠武力的方法其胜利是有止境的。

荀子接着说：“节威反文，案用夫端诚信全之君子治天下焉，因与之参国政，正是非，治曲直，听咸阳，顺者错之，不顺者而后诛之。若是，则兵不复出于塞外而令行于天下矣；若是，则虽为之筑明堂于塞外而朝诸侯，殆可矣。假今之世，益地不如益信之务也。”[②] 即用武力要有一定的节制，要反过头来用文德，要用有文德的人管理国家，叫他们参与国家的政权，叫他们定出是非曲直的标准，然后叫各诸侯国都听咸阳（秦国都）的号令。对于已经顺从的诸侯国就不必伐了，如果有不顺从的再用兵

---

① 中央国家机关团工委．名家谈国学［M］．北京：人民出版社，2008．第 161 页．

② 方勇，李波译注．荀子［M］．北京：中华书局，2021．第 259 页．

伐它们。这样不必出兵而秦国的命令就行于天下，就可以筑明堂朝诸侯。[①] 依荀子之见，在秦国当时所处的那种状态，开拓土地不如提高道德威望，这就叫“力术止，义术行”的管理办法。

为了进一步阐述其王道观，荀子提出了国家管理中实行“仁政”与“修礼”的管理方法及意义所在。他说：“彼王者不然，仁眇天下，义眇天下，威眇天下。仁眇天下，故天下莫不亲也；义眇天下，故天下莫不贵也；威眇天下，故天下莫敢敌也。”[②] 即作为实行王道的君主，他的仁爱、道义、威势要高于天下各诸侯国——仁爱高于天下各国，则天下人没有不和他亲近的；道义高于天下各国，天下人没有不尊重他的；威势高于天下各国，则天下人没有敢与他为敌的。也就是说把国家管理得有天下称王的实力并实行仁政，内外并进而天下臣服，那样就能做到“欲王而王，欲强而强矣”。

荀子接着还以子产、管仲管理的例子阐明其王道观及施行王道的办法与措施。他说：“子产，取民者也，未及为政也；管仲，为政者也，未及修礼也。

---

① 周建波. 先秦诸子与管理［M］. 济南：山东人民出版社，2008. 第 88—89 页.

② 方勇，李波译注. 荀子［M］. 北京：中华书局，2021. 第 121 页.

故修礼者王，为政者强，取民者安，聚敛者亡。”①子产企图用一些小恩小惠以得到老百姓的拥护，但是他没有一套完整的政策；管仲虽有一套完整的政策，但是他还没有修礼。能“修礼”就是“王”，能“为政”的就是“霸”，能够“取民”的就可以维持现状，只向老百姓要钱就要亡国。那么，该如何“修礼”呢？用现在的话说就是加强文化、道德、意识形态等方面的教育，用这些东西改变人的思想，“以德服人”“服人之心”，采取各种利民、惠民的政策，赢得百姓的信赖，使他们自觉地坚守在自己的工作岗位上，这样一个新的经济基础才能巩固，国家的有序管理才能真正实现。

同时，荀子还提出了具体的政治经济措施，如：土地归国家所有，然后分给百姓，按地的不同等级来征收赋税。具体办法是，“田野十一”，就是田地里最多征收十分之一的税；“关市讥而不征”，就是在道路上险要之地所设的关卡，只排查奸人而不乱收费；“山林以时禁发”，山林要按一定的节令去砍伐，比如秋天草木干枯了，才可以去砍柴；王者对于诸侯国和远方四夷的进贡，要考虑进京路程的远

① 方勇，李波译注．荀子［M］．北京：中华书局，2021．第118页．

近、贡物的多寡，不能做统一规定；财物要流通，没有滞留；要保证那些有才能的人都出来工作，不会隐居于山间水下。如果达到这样的管理状态，就是一个王者的统治，一个天下安乐的时代。①

总之，荀子承认霸道在一定历史条件下的合理性，是基于对人的追求欲望的无限性的天性的承认；认为霸道还不够好，需要向王道转变，是基于对人性的“薄愿厚，恶愿美，狭愿广，贫愿富，贱愿贵，苟无之中者，必求于外”② 的认识。微薄的希望丰厚，丑陋的希望美丽，狭窄的希望宽广，贫穷的希望富裕，卑贱的希望高贵——如果本身没有这些长处，就一定会向外追求，即是说人类物质满足后总是要追求精神生活的。这样，荀子就弥合了孟子的王道理论和社会现实的巨大反差，在新的历史时期将儒家理论和社会现实再一次紧密地结合起来，大大发展了儒家管理理论。荀子以贯通古今的深邃的学识，既指出了秦国以往实行霸道，使得国家蒸蒸日上的社会管理的合理性——兵荒马乱，“霸者富士”是也；又指出了随着六国的即将统一，和平年

① 中央国家机关团工委．名家谈国学［M］．北京：人民出版社，2008．第 162 页．

② 方勇，李波译注．荀子［M］．北京：中华书局，2021．第 379 页．

代到来，继续实行这一管理办法存在的巨大危机，并指出了解决问题的正确方向——“王者富民”是也。可惜，秦国的当政者没有接受荀子的建议，其统治也以失败告终。试想，秦国的当政者如果接受了荀子的建议，以“水能载舟，亦能覆舟”“民不畏死，奈何以死惧之”为鉴，会有二世而亡的沉痛教训吗？而继秦而起的汉王朝吸取了其教训，迎来了社会秩序的安定和政权的巩固。因此，谭嗣同说：“两千年之政，秦政也；两千年之学，荀学也。”是很有道理的。

第七章

荀子关于军事管理的主要观点

第七章

荀子的军事管理智慧主要集中在《荀子·议兵》中，《荀子·议兵》共12章，约3800字。荀子特别注重为正义而战、政治优先、礼义教化、统一民心、以德服人、赏罚分明等观点，他是先秦儒家第一个正面阐明自己军事观点的人，具有自己独到的军事见解。

一、为正义而战

《荀子·议兵》篇载："陈嚣问孙卿子曰：'先生议兵，常以仁义为本。仁者爱人，义者循理，然则又何以兵为？凡所为有兵者，为争夺也。'孙卿子曰：'非女所知也。彼仁者爱人，爱人故恶人之害之也；义者循理，循理故恶人之乱之也。彼兵者，所以禁暴除害也，非争夺也。故仁人之兵，所存者神，所过者化，若时雨之降，莫不说喜。'"即陈嚣问荀子："先生议论用兵，经常把仁义作为根本。仁者爱人，义者遵循道理，既然这样，那么又为什么要用兵呢？大凡用兵的原因，是为了争夺啊。”荀子回答说：“这道理不是你所知道的。那仁者爱人，正因为爱人，所以就憎恶别人危害他们；义者遵循道理，正因为遵循道理，所以就憎恶别人搞乱它。那样的用兵，是为了禁止横暴、消除危害，并不是为了争夺。所以仁人的军队，他们停留的地方会得到全面治理，他们经过的地方会受到教育感化，就像及时雨的降落，没有人不欢喜的。”也就是说，荀子认为用兵的目的不是为了争夺财富杀戮百姓，而是为了行仁义之举，禁暴除害，只有“以仁义之兵行于天下”才是正义的、受老百姓所欢迎的。荀子进一步阐述说：“因此尧讨伐驩兜，舜讨伐三苗，禹讨伐共工，汤讨伐夏桀，周文王讨伐崇国，周武王讨伐商纣，这两帝、四王都是使用仁义的军队驰骋于天下的。所以，近处喜爱他们的善良，远方仰慕他们的道义，兵器的刀口上还没有沾上鲜血，远近的人就来归附了。德行伟大到这种地步，就会影响到四方极远的地方。”

荀子说：“凡兼人者有三术：有以德兼人者，有以力兼人者，有以富兼人者。……故曰：以德兼人者王，以力兼人者弱，以富兼人者贫。古今一也。”即兼并别国有三种方法：有依靠德行去兼并别国的，有依靠强力去兼并别国的，有依赖财富去兼并别国的。……所以说：依靠德行兼并别国的君主称王，依靠强力兼并别国的君主衰弱，依靠财富兼并别国的君主贫穷。这种情况古今是一样的。

《荀子·王制》篇载：“仁眇天下，故天下莫不亲也；义眇天下，故天下莫不贵也；威眇天下，故天下莫敢敌也。以不敌之威，辅服人之道，故不战而胜，不攻而得，甲兵不劳而天下服。是知王道者也。”即仁德高于天下者，天下没有人不亲近他；道义高于天下者，天下没有人不尊重他；威严高于天下者，天下没有谁敢与其为敌。拿无敌的威望辅助使人心悦诚服的仁义之道，便可以不战而胜，不攻而得，不用打仗天下就归服了，这是懂得称王天下的君主。

荀子还引用《诗经》的观点：“淑人君子，其仪不忒。”证明贤人君子，遵循正义，四方国家才会安稳。

综上，荀子的战争观点可称为“义战”——即为正义而战。荀子要求为正义而战，凡是吊民伐罪、拯民于水火之中的战争就是正义合理的，应该支持和拥护。他认为这是任何战争之宗旨，是用兵之最高境界。尽管荀子的“义战”观点与《孙子·军争》中“兵以诈立，以利动，以分和为变”相反，但它为中国古代甚至当代军事价值观树立了坐标，也为后世“军儒兼容”的主流军事观念奠定了基础。

二、政治优先

政治是人类社会发展到私有制阶段以后的一种产物。人类社会由于贫富分化产生了阶级，不同阶级之间的利益不可调和，因而产生了阶级对抗，进而产生了社会公权力，形成了国家机器。恩格斯曾强调，国家机器是阶级矛盾不可调和的产物，是统治阶级镇压被统治阶级的暴力机关。有关国家机器的运行，就属于政治。随着人类活动区间的增大，不可避免地产生了国与国之间的交往，进而产生了战争、侵略、自卫、颠覆等斗争现象，并由此而产生了国际政治。

两千多年前的荀子议“兵”，就把军事优势和政治优势相提并论，并指出军事思想终归是政治思想，这在先秦乃至当今社会都具有举足轻重的参考价值。《荀子·议兵》篇载：“故仁人上下，百将一心，三军同力，臣之于君也，下之于上也，若子之事父、弟之事兄，若手臂之扞头目而覆胸腹也。”即仁德之人上下之间、各位将领齐心一致，三军共同努力，臣子对君主，下级对上级，就像儿子侍奉父亲、弟弟侍奉兄长一样，就像手臂捍卫脑袋眼睛、庇护胸部腹部一样。也就是说，军民一心，为战争胜利，为国家利益甘愿付出生命，军事上的优势促成政治上的优势，最终目的是为人民、国家、社会服务。

荀子继续说："且仁人之用十里之国，则将有百里之听；用百里之国，则将有千里之听；用千里之国，则将有四海之听，必将聪明警戒，和传而一。"即仁德之人治理方圆十里的国家，就会了解到方圆百里的情况；治理方圆百里的国家，就会了解到方圆千里的情况；治理方圆千里的国家，就会了解到天下的情况，他的军队一定是耳聪目明、警惕戒备、协调团结而齐心一致的。也就是说，政治上的优势可以转化为军事上的优势，表达了荀子想以"兵不血刃"的方式实现一统天下的政治愿望。①

《荀子·富国》篇载："观国之治乱臧否，至于疆易而端已见矣。其候徼支缭，其竟关之政尽察，是乱国已。"即观察一个国家的治乱好坏，到达它的边界就能知晓了。如果那个国家的哨兵四处巡逻，边境关卡的政令极其苛细，那就是个混乱的国家。荀子在此主张从边境哨所的驻兵情况来反映政治的好坏和权威，说明军事和政治举足轻重、相辅相成、

① 陈玉婷．荀子军事思想［D］．厦门：厦门大学，2012．

不可或缺，军事体现政治，政治体现军事。

荀子还说："观国之强弱贫富有征：上不隆礼则兵弱，上不爱民则兵弱，已诺不信则兵弱，庆赏不渐则兵弱，将率不能则兵弱。"即观察一个国家的强弱贫富是有验证的：君子不推崇礼义兵力就衰弱，君主不爱护民众兵力就衰弱，不讲诚信兵力就衰弱，奖赏不重兵力就衰弱，将帅不和兵力就衰弱。这也是说，军事是由政治派生出来并为政治服务的，军事问题实质就是政治问题，政治因素对军队具有制约作用。从某种角度说，荀子已经认识到政治在军事管理中的巨大作用和影响力，强调军事对于政治的依附和从属性。

三、 人民战争

《荀子·议兵》篇载："临武君与孙卿子议兵于赵孝成王前。王曰：'请问兵要。'临武君对曰：'上得天时，下得地利，观敌之变动，后之发，先之至，此用兵之要术也。'孙卿子曰：'不然。臣所闻古之道，凡用兵攻战之本在乎壹民。弓矢不调，则羿不能以中微；六马不和，则造父不能以致远；士民不亲附，则汤、武不能以必胜也。故善附民者，是乃善用兵者也。故兵要在乎善附民而已。’” 即临武君和荀子在赵孝成王面前议论用兵之道。赵孝成王说：“请问用兵的要领是什么?” 临武君回答说：“上取得有利于攻战的自然气候条件，下取得地理上的有利形势，观察好敌人的变动情况，比敌人后行动但比敌人先到达，这就是用兵的要领。” 荀子说：“不对。我所听说的古代的方法，用兵打仗的根本在于使民众和自己团结一致。如果弓箭不协调，那么后羿也不能用它来射中微小的目标；如果六匹马不协调，那么造父也不能靠它们到达远方；如果民众不亲近归附君主，那么商汤、周武王也不能一定打胜仗。所以善于使民众归附的人，才是善于用兵的人。所以用兵的要领就在善于使民众归附自己罢了。” 也就是说，荀子认为，决定战争胜负的因素，不是将帅用兵的才智，也不是兵士的多寡，也不是武器的好坏，而是能不能把百姓动员起来、取得人民的支持，即我们今天所说的人民战争。人民战争是用兵的经典，也是立国的根本。荀子关于人民战争的观点，指出了战争取得胜利的核心点，非常经典，非常伟大。

荀子认为战争中的一切都取决于君王，将帅是次要的。君王贤能，尊重道义，崇尚礼法，喜欢贤士，爱护人民，整饬军备，实行正确的政策管理国家，国家就强盛，人民就拥护。反之，人民就不拥护。人民和君王离心离德，不拥护君王的政权，还能打胜仗吗？在这里，荀子从人民与君主关系的角度进一步论证人民战争的基础作用。

总之，荀子认为用兵攻战之本“在乎壹民”“在乎善附民”。荀子已经认识到人民在战争中的重要作用，如果失去民众，也就失去了战争力量的根源，失去了深厚的基础。因此，人民群众是决定战争胜负的根本因素。

四、五权六术

荀子认为“将帅不能则兵弱”，将帅须是智勇双全的人物，他的个人素质直接影响军队和国家的生存。“知莫大乎弃疑，行莫大乎无过，事莫大乎无悔。事至无悔而止矣，成不可必也。”将帅在战前部署战略决策时应把失误降到最低，甚至确保万无一失，这就需要“智”；在尔虞我诈、变幻莫测的战争中，虽难以实现每战必胜，但在战场上将帅须身先士卒，这就是“勇”的表现。

同时，荀子提出了“五权”“六术”“三至”“五无圹”等观点，对将帅品德修养、战略战术、指挥艺术等做出明确要求，其内容全面、细致，与孙武的“将之五德”之“智、信、仁、勇、严”相比，毫不逊色。[①]

《荀子·议兵》篇载：“孝成王、临武君曰：‘善。请问为将。’孙卿子曰：‘知莫大乎弃疑，行莫大乎无过，事莫大乎无悔。事至无悔而止矣，成不可必也。故制号政令欲严以威，庆赏刑罚欲必以信，处舍收臧欲周以固，徙举进退欲安以重，欲疾以速；窥敌观变欲潜以深，欲伍以参；遇敌决战，必道吾所明，无道吾所疑。夫是之谓六术。无欲将而恶废，无急胜而忘败，无威内而轻外，无见其利而不顾其害，凡虑事欲孰而用财欲泰。夫是之谓五权。所以不受命于主有三：可杀而不可使处不完，可杀而不可使击不胜，可杀而不可使欺百姓。夫是之谓三至。凡受命于主而行三军，三军既定，百官得序，群物皆正，则主不能喜，敌不能怒，夫是之谓至臣。虑必先事而申之以敬，慎终如始，终始如一，夫是之谓大吉。凡百事之成也必在敬之，其败也必在慢之，故敬胜怠则吉，怠胜敬则灭，计胜欲则从，欲胜计则凶。战如守，行如战，有功如幸。敬谋无圹，敬事无圹，敬吏无圹，敬众无圹，敬敌无圹。夫是之谓五无圹。慎行此六术、五权、三至，而处之以恭

---

① 陈玉婷．荀子军事思想［D］．厦门：厦门大学，2012.

敬无圹，夫是之谓天下之将，则通于神明矣。'"

即孝成王、临武君向荀子请教做将领的诀窍。荀子说："智慧没有比抛弃犹豫不决更高的了，行动没有比不犯错误更好的了，事情没有比毫无悔恨更美的了。做事到了没有后悔的地步就到顶了，不能要求它一定成功。所以制度、号召、政策、命令，要严肃而有威势；奖赏刑罚，要坚决实行而有信用；军队驻扎的营垒和收藏物资的军库，要周密而坚固；转移、发动、进攻、撤退，既要安全而稳重，又要紧张而迅速；侦探敌情、观察其变动，既要隐蔽而深入，又要多方比较而反复检验；遇到敌人进行决战，一定要根据自己已了解清楚的情况去行动，不要根据自己怀疑的情况去行动。以上这些叫作'六术'——六种策略。

"不要热衷于当将军而怕罢免，不要急于求胜而忘记了有可能失败，不要只以为自己有威力而轻视外敌，不要看见了那有利的一面而不顾那有害的一面，考虑事情要仔细周详而使用财物进行奖赏时要慷慨大方。这些叫作'五权'——五种要权衡的事。

"将领不从君主那里接受命令的原因有三种：宁可被杀而不可使自己的军队驻扎在守备不完善的地方，宁可被杀而不可使自己的军队打注定无法取胜的仗，宁可被杀而不可使自己的军队去欺负老百姓。

这叫作‘三至’——三条最高的原则。

“大凡从君主那里接受了命令就巡视三军——三军已经稳定，各级军官得到了合适的安排，各方面的事务都步入了正规，那么君主的奖赏就不能使他沾沾自喜，敌人的奸计就不能使他愤怒，这叫作‘至臣’——最合格的将领。

“在战事之前一定会深思熟虑，并且反复告诫自己要慎重，慎重地对待结束就像开始时一样，始终如一，这叫作‘大吉’——最大的吉利。

“大凡各种事情成功一定在于慎重，失败一定在于怠慢，所以慎重胜过怠慢就吉利，怠慢胜过慎重就灭亡，冷静的谋划胜过冲动的欲望就顺利，冲动的欲望胜过冷静的谋划就凶险。攻战要像防守一样不轻率追击，行军要像作战一样毫不松懈，有了战功要像侥幸取得的一样不骄傲自满。慎重对待谋划而不要大意，慎重对待战事而不要大意，慎重对待军吏而不要大意，慎重对待士兵而不要大意，慎重对待敌人而不要大意。这叫作‘五无圹’——五种不大意。

谨慎地根据这六种策略、五种权衡、三条最高原则办事，并且用恭敬而不大意的态度来处理一切，这样的将领就可谓是举世无双的将领，他就能与神明相通了。”

以上“六术”“五权”“三至”“至臣”“大吉”“五无圹”等观点，充分说明荀子已经认识到要最终赢得战争，将帅必须具备较高的判断能力和军事智慧，必须通过必要的军事手段，制定周密、切实可行的作战计划，确保军事行动如有神明相助一样顺利进行。

五、赏罚分明

《荀子·强国》篇载：“讥之曰：子发之致命也恭，其辞赏也固。夫尚贤使能，赏有功，罚有罪，非独一人为之也！彼先王之道也，一人之本也，善善恶恶之应也，治必由之，古今一也。古者明王之举大事，立大功也，大事已博，大功已立，则君享其成，群臣享其功，士大夫益爵，官人益秩，庶人益禄。是以为善者劝，为不善者沮，上下一心，三军同力，是以百事成而功名大也。今子发独不然，反先王之道，乱楚国之法，堕兴功之臣，耻受赏之属，无僇乎族党而抑卑其后世，案独以为私廉，岂不过甚矣哉！故曰：子发之致命也恭，其辞赏也固。”即荀子批评公孙子说：“子发回复命令也算恭敬了，他辞谢奖赏却很固执。崇尚贤人、任用能人、奖赏功臣、处罚罪人，并不是某一个人要这样做的，这是古代君王的办法，是统一人民行动的措施，是爱好良善、厌恶凶恶的表现，治国必须遵从它，古今是一样的。古时圣明的君王举行大事，建立大功，大事已经完毕，大功已经建立，那么君主享受它的成果，群臣享受它的功劳，士大夫加官晋爵，官吏提高级别，士兵增加军饷。所以行善的得到勉励，为恶的得到制止，上下一条心，三军同努力，因此事事成功而功业显赫。现在子发独独不这样，违反先王的治国法则，扰乱了楚国的法律，打击了有功之臣，使受赏的人感到羞耻，即使没有羞辱亲族也使后代受到压制，还独自认为这是个人的廉洁，这难道不是大错特错吗？所以说：子发回复命令也算恭敬了，他辞谢奖赏却很固执。”这里荀子从以法治国引申出以法治军，将治国与治军结合，并明确只要赏善罚恶、赏罚分明、上下一心、三军同力，就一定会功成名就。

《荀子·议兵》篇载：“孝成王、临武君曰：‘善。请问王者之兵设何道、何行而可？’”

孙卿子曰：“凡在大王，将率末事也。臣请遂道王者诸侯强弱存亡之效，安危之势。君贤者其国治，君不能者其国乱；隆礼、贵义者其国治，简礼、贱义者其国乱。治者强，乱者弱，是强弱之本也。上足卬，则下可用也；上不卬，则下不可用也。下可用则强，下不可用则弱，是强弱之常也。隆礼效功，上也；重禄贵节，次也；上功贱节，下也，是强弱之凡也。好士者强，不好士者弱；爱民者强，不爱民者弱；政令信者强，政令不信者弱；民齐者强，民不齐者弱；赏重者强，赏轻者弱；刑威者强，刑侮者弱；械用兵革攻完便利者强，械用兵革窳楛不便利者弱；重用兵者强，轻用兵者弱；权出一者强，权出二者弱，是强弱之常也。

“齐人隆技击。其技也，得一首者，则赐赎锱金，无本赏矣。是事小敌毳则偷可用也，事大敌坚则涣焉离耳，若飞鸟然，倾侧反复无日，是亡国之兵也。兵莫弱是矣，是其去赁市佣而战之几矣。

“魏氏之武卒，以度取之。衣三属之甲，操十二石之弩，负服矢五十个，置戈其上，冠胄带剑，赢三日之粮，日中而趋百里。中试则复其户，利其田宅；是数年而衰而未可夺也，改造则不易周也。是故地虽大，其税必寡，是危国之兵也。

“秦人，其生民也陋阸，其使民也酷烈，劫之以势，隐之以阸，忸之以庆赏，鳅之以刑罚，使天下之民所以要利于上者，非斗无由也。阸而用之，得而后功之，功赏相长也，五甲首而隶五家，是最为众强长久，多地以正。故四世有胜，非幸也，数也。

“故齐之技击不可以遇魏氏之武卒；魏氏之武卒不可以遇秦之锐士；秦之锐士不可以当桓、文之节制；桓、文之节制不可以敌汤、武之仁义，有遇之者，若以焦熬投石焉。兼是数国者，皆干赏蹈利之兵也，佣徒鬻卖之道也，未有贵上、安制、綦节之理也。诸侯有能微妙之以节，则作而兼殆之耳。”

以上内容是赵孝成王、临武君与荀子探讨军队如何才能称王于天下。

荀子说：“一切都在于君主，将帅是次要的。请让我来逐一述说帝王诸侯强盛、衰弱、存在、灭亡的效验和安定、危险的形势吧。君主贤能的，他的国家就安定；君主无能的，他的国家就混乱；君主崇尚礼法、看重道义的，他的国家就安定；君主怠慢礼法、鄙视道义的，他的国家就混乱。安定的国家强盛，混乱的国家衰弱，这是强盛与衰弱的根本原因。君主值得仰赖，那么臣民就能为他所用；君主不值得仰赖，那么臣民就不能为他所用。臣民能被他使用的就强盛，臣民不能被他使用的就衰弱，这是强盛与衰弱的常规。推崇礼法、考核战功，是上等的办法；看重利禄、推崇气节，是次一等的办法；崇尚战功、鄙视气节，是下等的办法，这些是导致强盛与衰弱的一般情况。君主喜欢贤士的就强盛，不喜欢贤士的就衰弱；君主爱护人民的就强盛，不爱护人民的就衰弱；政策法令有信用的就强盛，政策法令没有信用的就衰弱；民众齐心合力的就强盛，民众不齐心的就衰弱；奖赏慎重给人的就强盛，奖赏轻易给人的就衰弱；刑罚威严的就强盛，刑罚轻慢的就衰弱；器械、用具、兵器、盔甲精善坚固便于使用的就强盛，器械、用具、兵器、盔甲粗劣而不便于使用的就衰弱；谨慎用兵的就强盛，轻率用兵的就衰弱；指挥权出自一个人的就强盛，指挥权出自两个人的就衰弱，这些是强盛与衰弱的常规。

“齐国人推崇以‘技击’来斩杀敌人。具体的做法是：取得一个敌人首级的，就赐给他黄金，但它没有固定的奖赏。这种办法，如果战役小、敌人弱，那还勉强可以使用；如果战役大、敌人强，那么士兵就会涣散而逃离，像那乱飞的鸟一样，没有多久就会导致国家覆灭。这是使国家灭亡的军队，没有比这更弱的军队了，这和从劳务市场上雇取佣工让他们作战的效果差不多了。

“魏国的武卒，根据一定的考核标准来录取他们。具体的做法是：让他们穿上三种依次相连的铠甲，拿着拉力为十二石的弩弓，背着装有五十支箭的箭袋，把戈放在那上面，戴着头盔，佩带宝剑，带上三天的粮食，半天要奔走一百里。考试合格就免除他家的徭役，使他的田地住宅都处于便利的地方。这些待遇，即使几年以后他体力衰弱了也不可以剥夺。这种举措一边免除了老兵的各种赋税，另一边又重新选取了年轻人去补充兵源，因此该国的国土虽然广大，但它的税收必定很少，这是使国家陷于危困的军队。

“秦国的君主，他使民众谋生的道路很狭窄，生活很穷窘；他对待民众残酷而严厉，用权势威逼他们作战，用穷困使他们生计艰难而只能去作战，用奖赏使他们习惯于作战，用刑罚强迫他们去作战，使国内的民众除了作战就没有别的途径向君主求取利禄了。使民众穷困后再驱使他们，打仗得胜后再给他们记功，奖赏随着功劳而增长——得到五个敌人士兵的首级就可以役使本乡的五户人家。秦国要算是兵员最多、战斗力最强而又最为持久的了，又有很多土地可以征税。因此秦国四代都保持了强盛的局面，这并不是侥幸所致，而是有其必然性的。

“齐国的‘技击’不可以用来对付魏国的‘武卒’；魏国的‘武卒’不可以用来对付秦国的‘锐士’；秦国的‘锐士’不可以用来对付齐桓公、晋文公那有纪律约束的军队；齐桓公、晋文公那有纪律约束的军队不可以用来抵抗商汤、周武王的仁义之师——如果抵抗他们，就会像枯焦的东西扔在石头上一样。综合齐、魏、秦这几个国家的情况来看，其组建的都是些追求奖赏、贪图利益的军队。这是受雇佣的人出卖气力、生命的途径，他们并不讲尊重君主、遵守礼义制度、极尽大义气节的道理。诸侯如果有谁能用仁义节操精细巧妙地来训导士兵的话，一举兵便可歼灭这些国家的军队。”

也就是说，荀子在论证重视奖赏的同时，强调以礼、义为前提的政治和道德主张。

荀子继续说：“于是有能化善、修身、正行、积礼义、尊道德，百姓莫不贵敬，莫不亲誉，然后赏于是起矣。是高爵丰禄之所加也，荣孰大焉？将以为害邪？则高爵丰禄以持养之。生民之属，孰不愿也？雕雕焉县贵爵重赏于其前，县明刑大辱于其后，虽欲无化，能乎哉？故民归之如流水，所存者神，所为者化而顺。暴悍勇力之属，为之化而愿；旁辟曲私之属，为之化而公；矜纠收缭之属，为之化而调，夫是之谓大化至一。”也即荀子认为，在这种情况下，如果有人能被善道所感化、修养身心、端正品行、不断奉行礼义、崇尚道德，百姓就没有谁不器重尊敬他，就没有谁不亲近赞誉他，这种情况发生以后，奖赏就从此产生了。这种人便是高官厚禄的授予对象，还有哪一种光荣比这个更大的呢？要把它看作为有害的事吗？那是用高官厚禄来扶养他们的啊。凡是人，哪一个不愿意这样呢？明明白白地把高贵的官爵和优厚的奖赏摆在他们的前面，把彰明罪行的刑罚与最大的耻辱放在他们的后面，即使要他们不变好，可能么？所以民众归顺投奔君主就像流水奔向大海一样，君主所在的地方就得到全面的治理，君主采取措施的地方人们都受到教育感化而顺服。残暴、凶狠、胆大、强壮的一类人都会被他感化而变得忠厚老实；偏颇、邪僻、搞歪门邪道、偏私的一类人都会被他感化而变得大公无私；骄傲自大、尖刻伤人、竞抢不让、纠缠不休的一类人都会被他感化而变得和气温顺：这叫作深远广大的教化归于统一。

总之，荀子通过回答赵孝成王、临武君关于如何治军等问题，进一步强调尚贤使能，反复重申奖赏制度，使事有时，减轻负担，调剂长养。而且认为“县贵爵重赏于其前，县明刑大辱于其后”，王者之师就会“民归之如流水，所存者神，所为者化”，这就是“大化至一”。①

① 王天海. 荀子·名家讲解［M］. 长春：长春出版社，2009. 第251页.

六、 顺命为上

《荀子·议兵》篇载："临武君曰：'善。请问王者之军制。'孙卿子曰：'将死鼓，御死辔，百吏死职，士大夫死行列。闻鼓声而进，闻金声而退，顺命为上，有功次之；令不进而进，犹令不退而退也，其罪惟均。'"

即临武君向荀子请教称王天下的军队制度。荀子说："将军击鼓指挥军队前进时，至死不能后退，驾驭战车的人至死不能丢掉缰绳，各级官吏至死不能离开自己的职守，士大夫至死不能离开队列。听见战鼓的声音就前进，听见钲、铙的声音就后退，服从命令是最重要的，取得战功在其次；命令不准前进却前进，就像命令不准后退却后退一样，它们的罪过是相同的。"

也就是说，荀子认为，作为军人，最高的要求和道德标准就是服从命令，这是军人的天职，不可违背。特别是"顺命为上，有功次之"，明确了命令第一、战功第二的军事观，强调在战争中如果执行战事命令和建功立业发生冲突时，应该舍功而顺命。那么，该如何顺命呢？荀子认为应该"令行禁止”——下令行动就立即行动，下令停止就立即停止。即“令不进而进，犹令不退而退也”，二者都是不服从命令的行为，它们的错误性质是一样。“顺命为上”是荀子作战原则的核心，强调军队对命令的绝对服从，这在现代军事思想中，也是最基本的作战原则和军事政策。

七、 文武并举

在具体国防建设指导方针的问题上，儒家主张文武并举，政治与军事相互倚重，密不可分，正如《孔子家语·相鲁》所说：“有文事者，必有武备；有武事者，必有文备。”即举行和平盟会一定要有武装力量作为后盾；而进行军事活动，也一定要在宣传、思想、策略方面做好准备。也就是说，无论敌我双方是举行和平谈判还是武装斗争，我方都应做好两手准备。军事实力是和平谈判的砝码，宣传、策略是武装斗争中战胜敌人的重要手段。这里深刻地阐明了政治与军事、经济建设与国防巩固之间相辅相成、辩证统一的关系——治理国家既要有文德教化，又要有武装力量，两者既对立又相互统一。

荀子沿着孔子的思路前进，在具体的国防建设措施方面，提出了不少中肯的意见。首先是顺从民意，以民为本，积极调动普通民众参加国防建设事业，尽可能使民众与统治者的意志统一起来。其次主张加强国防后备力量建设，提倡教育与训练民众，使其掌握基本的军事技能，能够从军作战，共卫社稷，维护统治者的根本利益。第三，主张以雄厚的经济实力为后盾，建设起一支能打胜仗的强大军队，并注重营造一种和谐清明的政治环境，以求在战争中立于不败之地。①

比如，荀子主张战争须以雄厚经济实力为后盾，此观点在《荀子·王制》篇的一段话中表现得淋漓尽致。《荀子·王制》篇载："彼霸者不然。辟四野，实仓廪，便备用，案谨募选阅材伎之士，然后渐赏庆以先之，严刑罚以纠之。存亡断绝，卫弱禁暴，而无兼并之心，而诸侯亲之矣。"即是说，那些想要称霸的君主，他开辟田野土地，充实粮仓钱库，治办设备器用，严格谨慎地招募选用有才能技艺的士人，然后用奖赏来引导他们，重用刑法来督责他们。他使灭亡的国家再次建立，使断绝了祭祀的后代能够继续，保护弱小的国家，禁止残暴的国家，却没

---

① 黄朴民. 荀子军事思想简述［J］. 邯郸学院学报，2013（4）11.

有兼并别国的野心，那么各国诸侯就会亲近他了。

总之，荀子的国防建设主张和法家等学派有着重大区别。其文武兼顾，但以仁义为本，不一味推崇暴力和迷信武力，带有浓厚的儒家管理情怀。

八、 富国强兵

荀子的军事管理思想与经济管理思想是紧密相关的。荀子不是只就军事论军事，而是从经济和军事的关系中论军事。他看到经济对军事具有的重要作用，因此提出了富国强兵的军事观。

《荀子·富国》篇载："将辟田野，实仓廪，便备用，上下一心，三军同力，与之远举极战，则不可。境内之聚也，保固视可，午其军、取其将，若拨麷。"即仁君治国，要开垦田野，充实粮仓，治办设备器用，上下团结一心，三军同心协力，别国远征来与他苦战，那肯定不行。在国境内聚集粮草、军队，可以保城固守，迎击别国军队，获取敌方将领，像摘断蒲草一样容易。其中心思想是只要搞好农业生产，国家富裕了，大家齐心协力，就可以做到"内以固城，外以拒难"。反之，若是田野荒芜，百姓食用不足，国家就会贫穷。这样，"入不可以守，出不可以战，则倾覆灭亡可立而待也”。[①] 也就是说，国富则兵强，国贫则兵弱。在诸侯兼并、战争频繁的战国时代，国贫兵弱，国家面临危亡；国富兵强，国家才能安存。荀子充分认识到富国强兵是立国的基本条件并告诫统治者，如果要避免“危身”“亡国”的命运，就必须“富国”“足国”，并在富国的基础上达到富国强兵。

那么如何才能使国家富裕起来呢？《荀子·富国》篇载：“足国之道：节用裕民而善臧其余。节用以礼，裕民以政。彼裕民，故多余。裕民则民富，民富则田肥以易，田肥以易则出实百倍。”即使国家富足的道路是：节约费用，使人民宽松，并妥善地贮藏多余的粮食和财物。节约费用依靠礼制，使民众有可依靠的宽松政策。能够节约费用，所以粮食财物会有富余。对民众实行宽松的政策，人民就会富裕起来；人民富裕，就会使农田肥沃并且精心地耕作；农田肥沃并得到精心耕作，就会生产出比以往多上百倍的粮食。

荀子接着说：“轻田野之税，平关市之征，省商贾之数，罕兴力役，无夺农时。如是，则国富矣！”

---

① 王常忠. 论荀子的兵学思想［J］. 管子学刊，1990（4）37.

其具体意思就是减轻农田的税收，整治关卡集市的赋税，减少商人的数量，少征调劳役，不要侵占农时，这样一来，国家就会富裕了。而且荀子认为，只有强本富民，开源节流，才能使国家真正富裕起来。因此，荀子继续说："故田野县鄙者，财之本也；垣窌仓廪者，财之末也。百姓时和、事业得叙者，货之源也；等赋府库者，货之流也。故明主必谨养其和，节其流，开其源，而时斟酌焉，潢然使天下必有馀，而上不忧不足。"即那田野乡村，是财物的本源；院墙地窖粮仓，是财物的枝末。百姓四季和顺，各行各业都能持续发展，这是财货的源泉；按照等级征收的赋税进入国库的，是财货的支流。所以英明的君主必定会谨慎地维系那和谐安定的形势，节流、开源，而时常仔细考虑调节，使天下的财富多而有余，而君主也不必担忧财物不足了。荀子在此已经认识到真正的国家富裕不是"实府库"，关键在于各行各业及老百姓富裕，如果表面上国家富裕，府库充实，而实际上老百姓贫穷，这不是一个国家真正富裕的表现。

荀子进一步解释说："百姓晓然皆知其污漫暴乱而将大危亡也。是以臣或弑其君，下或杀其上，粥其城、倍其节，而不死其事者，无它故焉，人主自取之。"即百姓都明白污秽肮脏、残暴淫乱的君主将加深国家的危难，导致国家的灭亡。因此，臣子中就有人杀死了他的君主，下属中就有人杀死了他的上司，出卖城池、违背节操，却不为国事而死的人，没有其他的原因，都是君主自己造成的。也就是说，荀子以此提醒统治者，“王者富民”“亡国富筐箧，实府库”，在上者一定不要强取豪夺、横征暴敛，明智的君主一定要吸取“聚敛者亡”的教训，否则将重蹈亡国之君的覆辙。

总之，荀子认为只有在富国富民的基础上，才能建立一支强大的军队，巩固国家政权，保证国家的长治久安。而且荀子认为农业是国家的经济基础，要加强农业的发展，抑制工商业的发展，只有发展农业才能富国强兵。当然，在当时工商业及手工业很落后的时期，这种思想是符合时代特征的。

荀子的其他诸如王道与霸道的思想，不仅是政治管理，也涉及军事管理，在本书中有专章讲述，这里不列举。还有荀子军事思想中关于明君用贤的用人之道、不杀老弱和无辜的人道主义精神、重视音乐对战争的作用，等等，这里也不赘述。

第八章 孔子、孟子、荀子军事管理思想的传承与发展

第八章

荀子在中国古代军事史上不像孙武、孙膑等以“兵家”的头衔引人瞩目，但他的军事思想足以和二孙媲美。他站在大一统的政治高度，把军事与政治、经济和人民利益等结合起来，认为战争的目的是“禁暴除害”，必须以“国富兵强”为后盾；认为决定战争胜负的关键在于“凝聚力和民心”，主张建立一支“仁义之兵”；提出“隆礼重法”的政治和军事主张，并认为音乐能发挥“兵劲城固”的作用等。[①] 他的军事思想代表了早期儒家学派军事思想的最高水平，丰富了儒家军事思想和古代军事文化。

实际上，儒家的军事管理创始人孔子对许多军事问题已有探索，如区别战争的性质、对待战争的态度、思考战争胜负因素、研究治军方法等。孟子和荀子在孔子初创的基础上，结合社会变革，形成了各自的军事思想，都成为春秋战国时期儒家军事思想的重要代表人物。

---

① 陈玉婷. 荀子军事思想［D］. 厦门：厦门大学，2012.

一、孔子的军事管理思想

孔子创立了博大精深、源远流长的儒家思想，人们通常认为仁义礼智、道德文章就是其全部。其实在孔子学说中，点状、零散、跳跃式闪烁着许多军事智慧亮点。

（一）总体反战，这是孔子军事思想的首要特征

《礼记·乐记》中说："礼者，天地之序也。"即世界秩序是礼，"战争之序"当然必须符合礼。孔子在议论《韶》和《武》两组舞乐时说："《韶》尽美矣，又尽善也。""《武》尽美矣，未尽善也。"为什么呢？因为《韶》表现虞舜禅让，符合礼，舞乐中有太和之气，所以尽美尽善；而《武》表现武王伐纣，伐纣虽顺天意民心，毕竟是武力夺取政权，不符合礼，所以尽美，不尽善。孔子对周礼顶礼膜拜，但对奠定周政权的"汤武革命"不用最彻底、最高级的肯定措辞，其实隐含着对周武力推翻商的批评。他还在《春秋》中对当时的战争用"侵、伐、战、围、灭"等不同字眼进行批判，也可以看出他的总

体反战态度。

（二）为礼而战，这是孔子发动战争的首要原则

据《论语·宪问》记载：公元前481年，齐国大夫陈恒杀死了齐简公，孔子马上沐浴上朝，请求鲁君出兵征讨陈恒。可见孔子并不反对全部的战争，他极力支持向违反周礼者开战，他主张对那些无辜被灭的诸侯“力能救之则救之”，对那些动辄以武力欺人、以下犯上的诸侯“力能讨之则讨之”。

（三）慎战尚谋，这是孔子用兵方法的二元一体

《论语》中说：“子之所慎，斋、战、疾。”说明孔子对战争的重视程度达到像祭祀上苍先祖和自己的疾病一样慎重。现实中他既重视勇敢气概，又崇尚谋略智慧，他说：“暴虎冯河，死而无悔者，吾不与也。必也临事而惧，好谋而成也。”他决不赞赏四肢发达、头脑简单、死打硬拼的所谓勇士。

（四）维护皇权以及军权归君的建军原则

孔子说：“天下有道，则礼乐征伐自天子出。”

这说明他坚决主张把军队指挥权收归君王。

（五）倡导文治以及不废武备的兵备策略

孔子任鲁司寇的那年夏天，齐景公派人使鲁，约定两国君主在齐鲁边境的夹谷会见。因鲁国历来拥晋不附齐，齐景公便打算这次以武力迫鲁服齐。孔子作为外交官员，准确预见到齐国的目的及可能手段，建议说：“我听说外交活动中，须有军事准备，而在战场上，必须以外交手段辅之，文武交互为用。”鲁定公采纳了他的建议，命左右司马带兵同去，致齐景公的计划彻底失败。

（六）重视教战以及先教后战的训练思想

他非常重视“教战”。在办学实践中以礼、乐、射、御、书、数“六艺”为内容，说明他非常重视人的综合素质。“六艺”中“射”和“御”与军事及战争有直接关系，其他“四艺”作为战争者的素质，也在战争中起着重要作用。孔子说：“善人教民七年，亦可即戎矣。”他还说：“以不教民战，是谓弃之。”即人民群众只要经过长期严格训练，随时都可以上战场，没有经过训练而上战场，就是在抛弃他们。这种以扎实的训练作为军队战斗力保障手段的思想符合军事学基本规律。

二、 孟子与荀子的军事管理思想基本观点以及传承与发展

孟子与荀子的军事管理都以“仁”为核心；都认为战争胜利的关键是取得“民心”；都主张王道，反对霸道，只是对霸道的认知有些差异，而且后者还对其予以了发展创新。

（一）孟子、荀子的战争观皆以“仁”为核心

孟子崇尚仁义礼智，提倡以仁义为上，求不战而胜，以为“仁者无敌”，反对用不义的武力手段夺取天下，主张对好战分子处以最严厉的刑罚。《孟子·离娄上》载：“君不行仁政而富之，皆弃于孔子者也。况于为之强战？争地以战，杀人盈野；争城以战，杀人盈城。此所谓率土地而食人肉，罪不容于死。故善战者服上刑，连诸侯者次之，辟草莱、任土地者次之。”即国君不施行爱民政策而只图敛财致富，都是孔子所厌弃的。更何况是还要大家替他卖

力打仗呢？为争夺地盘而战，往往杀人遍野；为掠夺城镇而战，往往杀人满城，这就是所谓的为了土地而吃人肉，这些人死有余辜。所以善于征服的人以归服为最上等的典范，能够连结诸侯而不打仗的人次之，开辟荒野来拓展土地的人又次之。能在军事行动中具体实践仁义的就是行仁义之师。“国君好仁，天下无敌焉”，即行仁义之师是众望所归，将无敌于天下。那么如何才能达到无敌于天下？就是实行仁政。《孟子·梁惠王上》载：“王如施仁政于民，省刑罚，薄税敛，深耕易耨；壮者以暇日修其孝悌忠信，入以事其父兄，出以事其长上，可使制梃以挞秦、楚之坚甲利兵矣。”即大王如果对老百姓施行仁政，减免刑罚，少收赋税，深耕细作，及时除草，让身强力壮的人抽出时间修养孝顺、尊敬、忠诚、守信的品德，在家侍奉父母兄长，出门尊敬长辈上级，这样就是让他们仅仅依靠木棒也可以打击那些拥有坚实盔甲、锐利刀枪的秦楚军队了。

总之，孟子认为不能随意采取暴力攻伐，即使攻伐别国，也要具备君仁国泰、政清民和的条件。

荀子认为仁义与战争并不矛盾，不能以仁义来否定一切战争，不能笼统地反对一切战争，要“仁者爱人”，要“义者遵循”，要“禁暴除害”。而且荀子还主张以仁义治军，反对使用诡诈、谋略之术，即“仁人之兵，王者之志也”，“攻夺变诈也，诸侯之事也，仁人之兵，不可诈也”，认为这样一支“仁人之兵”，“权谋势利”是打不垮的。面对秦国的兼并战争，孟子、荀子都主张以德服天下，强调“仁战”。

（二）孟子、荀子都认为取得战争胜利的关键是争取民心

孟子认为，攻伐战争之事是否可行，就看是否顺应民心。如果得到人民的欢迎和支持就可行，反之则不行。《孟子·梁惠王下》载：“齐人伐燕，胜之。宣王问曰：‘或谓寡人勿取，或谓寡人取之。以万乘之国伐万乘之国，五旬而举之，人力不至于此。不取，必有天殃。取之，何如?’孟子对曰：‘取之而燕民悦，则取之。古之人有行之者，武王是也。取之而燕民不悦，则勿取。古之人有行之者，文王是也。以万乘之国伐万乘之国，箪食壶浆，以迎王师。岂有他哉？避水火也。如水益深，如火益热，亦运而已矣。”即齐国人攻打燕国，大获全胜。齐宣王问道：“有人劝我不要占领燕国，有人又劝我占领它。我觉得，以一个拥有万辆兵车的大国去攻打一个同样拥有万辆兵车的大国，只用了五十天就打下

来了，光凭人力是做不到的呀。如果我们不占领它，一定会遭到天灾吧。占领它，怎么样?”孟子回答说：“占领它而使燕国的老百姓高兴，那就占领它。古人有这样做的，周武王便是。占领它而使燕国的老百姓不高兴，那就不要占领它。古人有这样做的，周文王便是。以齐国这样一个拥有万辆兵车的大国去攻打燕国这样一个同样拥有万辆兵车的大国，燕国的老百姓却用饭筐装着饭，用酒壶盛着酒浆来欢迎大王您的军队，难道有别的什么原因吗？不过是想摆脱他们那水深火热的日子罢了。如果您让他们的水更深、火更热，那他们也就会转而去求其他的出路了。”

从上面齐宣王与孟子的对话可知，孟子是以“民本”为原则，两种选择都摆给齐宣王听，让他自己去选择——民悦则取之，民不悦则不取。

孟子还说：“域民不以封疆之界，固国不以山溪之险，威天下不以兵革之利。得道者多助，失道者寡助。寡助之至，亲戚畔之。多助之至，天下顺之。以天下之所顺，攻亲戚之所畔，故君子有不战，战必胜矣。”即使百姓定居下来而不迁到其他的地方去，不能靠疆域的界限，巩固国防不能靠山河的险要，震慑天下不能靠武器的锐利。施行仁政的君主，帮助支持他的人就多；不施行仁政的人，支持帮助他的人就少。支持帮助他的人少到了极点，连兄弟骨肉也会背叛他；支持帮助他的人多到了极点，天下所有人都会归顺他。凭着天下人都归顺他的优势条件，去攻打那连兄弟骨肉都背叛他的寡助之君，所以能行仁政的君主不战则已，战就一定会胜利。也就是说“天时不如地利，地利不如人和”，把“人和”放在“天时”“地利”之上。

孟子对战争的肯定就包含在上面的“得道多助，失道寡助”这个论断里。这里所说的“道”，就是“仁政”。这个论断指出了“人和”的实质。他接着又进一步推论，指出“寡助之至”会众叛亲离，而“多助之至”则天下归顺。一反一正，对比鲜明。最后以“故君子有不战，战必胜矣”作结，将“人和”的重要意义论说得十分透彻，深化了论述的中心。一句话，孟子认为民心所向，战争就一定会取得胜利。

荀子的民本思想和孟子是一脉相承的，他把国君是否爱民和战争的胜负、国家的存亡直接联系起来。[①]《荀子·君道》载：“故有社稷者而不能爱民、不能利民，而求民之亲爱己，不可得也。民不亲不

① 参见张晓薇．孟子、荀子军事思想比较研究［J］．齐齐哈尔工程学院学报，2013（2）42．

爱，而求为己用、为己死，不可得也。民不为己用、不为己死，而求兵之劲、城之固，不可得也。兵不劲、城不固，而求敌之不至，不可得也。敌至而求无危削、不灭亡，不可得也。危削、灭亡之情举积此矣，而求安乐，是狂生者也。狂生者，不胥时而落。”即掌握了国家政权的人如果不能够爱护人民、不能够使人民得利，而要求人民亲近爱戴自己，那是不可能办到的。人民不亲近、不爱戴，而要求人民为自己所用、为自己牺牲，那也是不可能办到的。人民不为自己所用、不为自己牺牲，而要求兵力强大、城防坚固，那是不可能办到的。兵力不强大、城防不坚固，而要求敌人不来侵犯，那是不可能办到的。敌人来了而要求自己的国家不陷于危险之中，国力不被削弱，政权不灭亡，那是不可能办到的。国家都处于危险之际了，他却还想求得安逸快乐，这是狂妄无知的人。狂妄无知的人，等不了多久就会衰败死亡的。

荀子还以历史事实为例，来说明治国、富民、强兵、弱敌、取胜之道。《荀子·王制》载：“成侯、嗣公，聚敛计数之君也，未及取民也；子产，取民者也，未及为政也；管仲，为政者也，未及修礼也。故修礼者王，为政者强，取民者安，聚敛者亡。故王者富民，霸者富士，仅存之国富大夫，亡国富筐箧、实府库。筐箧已富，府库已实，而百姓贫，夫是之谓上溢而下漏。入不可以守，出不可以战，则倾覆灭亡可立而待也。故我聚之以亡，敌得之以强。聚敛者，召寇、肥敌、亡国、危身之道也，故明君不蹈也。”即卫成侯、卫嗣公是搜刮民财、精于计算的国君，没能达到取得民心的境地；子产是取得民心的人，却没能达到处理好政事的境地；管仲，是善于处理政事的人，但没能达到遵循礼义的境地。遵循礼义的能成就帝王大业，善于处理政事的能够强大，取得民心的能够安定，搜刮民财的会灭亡。称王天下的君主使民众富足，称霸诸侯的君主使士人富足，勉强能存在的国家使大夫富足，亡国的君主只是富了自己的箱子，塞满了自己的仓库。自己的箱子已装足了，仓库已塞满了，而老百姓则贫困了，这叫作上面漫出来而下面漏得精光。这样的国家，内不能防守，外不能征战，那么它的垮台灭亡可以顷刻间到来。所以，为自己搜刮民财以致灭亡，敌人得到这些财物因而富强。搜刮民财，实是招致侵略者、肥了敌人、灭亡本国、危害自身的绝路，所以贤明的君主是不会走这条路的。也就是说，统治者只为自己聚敛财富，搜刮民财，不修仁德，实行暴政，即使土地广阔、府库充实，也会因为百姓贫穷、民心丧失而不可以守，亦不能战，最终走向灭亡。

（三）荀子在孟子主张王道、反对霸道的基础上的继承与发展

所谓“王道”，就是以德服人；所谓“霸道”，就是以力服人。孟子这种思想与非战意思相近，带有不战的成分。即要以“仁”治国、强军，以“仁”恩服敌国民众，以仁义之兵威服敌国军队。仁义之师是无敌于天下的，行暴政之国的人民会丢掉武器，前去归附仁义之国。

《孟子·公孙丑上》篇载：“孟子曰：以力假仁者霸，霸必有大国；以德行仁者王，王不待大——汤以七十里，文王以百里。以力服人者，非心服也，力不赡也；以德服人者，中心悦而诚服也，如七十子之服孔子也。《诗》云：‘自西自东，自南自北，无思不服。’此之谓也。”即孟子说：“仗着实力假借仁义征伐天下，可以称霸诸侯，称霸一定要凭借国力的强大；依靠道德来实行仁义的，可以使天下归心，这样做却不必凭借强大国力——汤就仅仅用他方圆七十里的土地，文王也就仅仅用他方圆百里的土地实行了仁政，而使人心归服。仗着实力来使人服从的，人家不会心悦诚服，只是因其本身的实力

不够的缘故；依靠道德来使人服从的，人家才会心悦诚服，就好像七十多位弟子归服孔子一样。《诗经》说过：‘从西从东，从南从北，没有人不心悦诚服。’正是这个意思。”

《孟子·尽心下》篇载：“有人曰：‘我善为陈，我善为战。’大罪也。国君好仁，天下无敌焉。南面而征，北狄怨；东面而征，西夷怨，曰：‘奚为后我?’武王之伐殷也，革车三百两，虎贲三千人。王曰：‘无畏！宁尔也，非敌百姓也。’若崩厥角稽首。‘征’之为言‘正’也，各欲正己也，焉用战?”即孟子说：“有人说：‘我很会布阵，我很会打仗。’这是大罪。国君若喜爱仁德，则打遍天下无敌手。商汤往南征讨，北狄便埋怨；往东征讨，西夷便埋怨，说：‘为什么把我排在后面?’周武王讨伐殷商，兵车三百辆，勇士三千人。武王对殷商的百姓说：‘不要害怕！我是来让你们安定生活的，不是与百姓为敌的。’百姓都额头碰地磕起头来。‘征’的意思是‘正’，若各人都希望端正自己，哪里用得着战争呢?”实际上，孟子是想以“仁义”建立和平统一的国家，主张王道，反对霸道。

荀子在此方面的思想总体来说也是主张王道，反对霸道的。“力术止，义术行”，这是荀子理想中的终极目标，这在本书中有专章讲述，但不同的研究者对此有不同的理解，认为荀子是王霸并用，有兴趣的读者可专章研究，此处不细说。也就是说，荀子对于霸道的认识与孟子还是有些区别的，荀子虽然对仁义之师颇为称道，推崇王道："彼王者不然。仁眇天下，义眇天下，威眇天下。仁眇天下，固天下莫不亲也。义眇天下，固天下莫不贵也。……"但他同时认为："具具而王，具具而霸。""王夺之人，霸夺之与，强夺之地。……""粹而王，驳而霸，无一焉而亡。"简而言之，就是荀子认为霸道还不够好，需要向王道转变，但是在战国末期，用武力兼并统一六国已成为大势所趋，因此，荀子也承认霸道在一定历史条件下的合理性——从某种角度来看，这比孟子反对以力服人的观点更具现实意义。

与此同时，儒家对正义战争持肯定态度，但对其意义的认识有所不同。孔子没有正面提及，孟子以"仁政"为核心，他把春秋时期的战争评价为"春秋无义战"，没有看到战争推动历史前进的一面，显示出孟子对战争意义认识的局限性。而荀子对战争性质提出了"禁暴除害"的观点，肯定了正义战争以及为实现大一统而进行战争的意义；在儒家传统军事思想中注入"法"的元素，提出"隆礼重法"，这一援法入礼的举措，克服了儒家在军事认识

上的偏颇和空疏；对军事纪律做出具体论述，还对将帅的品德修养与指挥艺术做了精湛的分析，等等，弥补了孔孟儒家军事思想的不足，是对儒家军事思想的继承、发展与超越。

第九章

荀子军事管理思想与兵家军事管理思想的比较

第九章

讲到兵家，中国首推的应是孙武和孙膑；讲到兵著，首推的则是《孙子兵法》。

孙武（约公元前545年—公元前470年），字长卿，齐国乐安人，春秋时期著名的军事家、政治家，尊称兵圣。后人尊称其为孙子、孙武子、百世兵家之师、东方兵学的鼻祖。他曾率领吴国军队大败楚国军队，占领楚国都城郢城，几近覆亡楚国。其著有巨作《孙子兵法》十三篇，为后世兵法家所推崇，被誉为“兵学圣典”，置于《武经七书》之首。该书被译为英文、法文、德文、日文等，成为国际最著名的兵书典范。

孙膑，齐国阿（今山东阳谷东北）人，孙武的后代，大致与商鞅、孟子同时代，为战国时兵法家。他曾与庞涓同学兵法，当庞涓做魏惠王将军时，忌其才能，把他骗到魏国，处以膑刑（即砍去膝盖骨），故称孙膑。后经齐国使者秘密载回，被齐威王任命为军师，协助齐将田忌，设计大败魏军于桂陵、马陵。著有《孙膑兵法》一书，也称《齐孙子》。据考证，《孙子兵法》与《孙膑兵法》之间存在内在的师承关系，前者是后者的依据和基础，后者是对前者的阐述和继承。孙膑在继承孙武思想的基础上，在战略、战术、治军和军事哲学方面都有新的发展。两者不仅形成了独具特色的一家之言，还合了“孙氏之道”。

一、《孙子兵法》概述

《孙子兵法》是中国古代兵书的奠基之作。孙武在这部军事学圣典中，系统地揭示了战争的客观规律，提出了一套十分完备的军事思想体系和战略战术原则。

（一）孙武对于战争胜负有着十分科学的、整体的认识

孙武认为战争是“国之大事”，关系到国家的存亡与人民的安危，因此，必须慎重地对待。在他看来，进行战争要从政治、经济、军事、自然条件、气候条件等各个方面出发，立足于国家的全局，认真地分析战争的利弊，“合于利而动，不合于利而止”，即交战前要通过对交战双方利弊的分析，先使

自己立于不败之地。孙武为了阐述战争与国家的关系，在《孙子兵法·始计篇》中详尽地论述了战前进行“五事”“七计”的衡量和比较的重要性，并指出：“夫未战而庙算胜者，得算多也；未战而庙算不胜者，得算少也。”要求战争的决策者必须在战争前认真研究分析敌我双方的各种情况和基本条件，从而把握战争的全局。

（二）孙武认识到战争的胜负还决定于军队与国家（国君）的密切协调

孙武认为，国君应做的事是修道而保法。国君不可“怒而兴师”，不可以随便干预军队的事务。如果国君“不知三军之事，而同三军之政”“不知三军之权，而同三军之任”，其结果只能是自乱其军。

（三）孙武对于战争与经济的关系有较深刻的理解

孙武认识到，战争必须以国家的经济实力为基础，没有强大的经济力量做后盾，战争是无法取胜的，同时，战争还会给国家的经济造成破坏，给人民增加沉重负担。基于这种认识，孙武提出了三个重要观点。

1. 兵贵胜，不贵久

战争需要“驰车千驷，革车千乘，带甲十万，千里馈粮”，其“内外之费，宾客之用，胶漆之材，车甲之奉，日费千金，然后十万之师举矣”。因此，为了尽量减轻战争对国家经济造成的负担，就应当争取速战速决。

2. 因粮于敌

孙武指出，国家在战争中会因为远道运输而导致贫困。因此，战争中应当就地征粮，以解决粮食的补给问题。

3. 车杂而乘之，卒善而养之

孙武指出，为弥补战争中物资供应以及兵源的不足，可以将缴获的敌方战车和我方车辆掺杂在一起使用，对俘虏的敌军士卒给予优待，让他们为我所用，以补充自己兵源的不足。

（四）孙武对战争与政治的关系也有独到的见解

战争会给经济造成破坏，这是战争不利的一面，然而军事家孙武在那个时代看到的不仅仅是战争有害的一面，同时也看到了战争的有利的一面。战争的胜利能实现政治目的，可以弥补国家土地与资源的不足，能够暂时解决国家与国家、民族与民族、政治集团与政治集团之间的矛盾。总之，战争的最终取胜与政治的关系十分密切。开明的政治观点、能得到大多数人民拥护的政治主张，会为战争的胜利奠定坚实基础。所以，孙武在兵法中将“道”列在“五事”的首位，指出国君要想取得战争的胜利，需要“令民与上同意”。孙武还说“善用兵者，修道而保法，故能为胜败之政”。可见，孙武不仅认识到了战争与政治的关系，而且他也认识到了在战争中修明政治、确保法制的重要性。

（五）在《孙子兵法》中，孙武还以朴素的辩证法的观点，论述了战争的胜负与主观、客观之间的关系

孙武一方面指出，战争的胜负受客观条件的限制，是不以人的意志为转移的。因此，在战争中必须尊重客观规律，做到“先为不可胜”，因为“不可胜在己，可胜在敌。故善战者，能为不可胜，不能使敌之必可胜。故曰：胜可知而不可为”。这里，孙武指出，战胜敌人的关键之处在于客观条件，在于敌人是不是有隙可乘，我方能做的事只是使自己立于不败之地，等待、捕捉有利的战机。另一方面，孙武还指出，在战争中要充分发挥人的主观能动作用，做到“致人而不致于人”。“致人”，即调动敌人，让敌人依照我的意图行事；“致于人”，即被敌人调动。能够做到“致人”，那么，客观条件是可以改变的。“敌佚能劳之，饱能饥之，安能动之”“我欲战，敌虽高垒深沟，不得不与我战”“我不欲战，画地而守之，敌不得与我战”，因此，“胜可为也，敌虽众，可使无斗”。这里，孙武又论述了在战争中发挥人的主观能动性的重要性，指出人们如果掌握了战争的主动权，能成功地发挥其主观能动作用，那么，客观条件也是可以改变的，不利的条件也可以变为有利的条件。孙武总结出了胜败之间诸因素的相互影响、相互转化的辩证关系，因此，可以毫不夸张地说，孙武的军事思想时时处处闪烁着哲学的智慧与光辉。

《孙子兵法》其他关于战略战术观点，比如避实击虚：“夫兵形象水，水之形，避高而趋下；兵之形，避实而击虚。”即集中力量，寻找弱点并迅速出击。知彼知己，百战不殆：在战争中要立于不败之地，就必须了解自己，也了解敌人，这样才能去实施避实击虚之计，才能掌握战场的主动权，变不利因素为有利因素，最终战胜敌人。以正合，以奇胜：

即在作战的战术部署中，兵力部署以承担正面作战为正，进行侧击、包围、迂回的为奇——以此战略战术为指导而赢得战争胜利的战例几乎俯拾皆是。识众寡之用者胜：兵多与兵少采取不同的使用方法。他认为用兵的一般原则“十则围之，五则攻之，倍则分之，敌则能战之，少则能逃之，不若则能避之”，同时，要“兵以诈立，以利动，以分合为变者也”。即打仗、用兵应视不同的情况而灵活地使兵力分散或集中，在我方兵力不如敌人时，要设法分散敌人的兵力，这样，在局部上造成“我专为一，敌分为十，是以十攻其一”的相对优势，给敌人以有力打击。再如“兵非益多也，惟无武进，足以并力、料敌、取人而已”等，这些战略战术思想，对后世均产生了广泛而深刻的影响。

二、荀子与孙武军事思想比较

（一）战争观的继承和发展

从孙武的“为利而战”到荀子的“为义而战”，是我国古代战争观的进步。从孙武的战争观看来，战争的根本目的是维护国家安全，获得利益，至于手段是否恰当并不重要。也就是说，孙武对战争性质的认识比较模糊，甚至赞赏用计谋夺人城池、破人之国的行为，功利主义成为孙武战争观的核心。而荀子主张为义而战，即战争不仅仅是维护国家安全的工具，它更应该是仁义者用来制止恶人为祸的手段，“仁者爱人，爱人，固恶人之害之也；义者循理，循理，固恶人之乱之也”。荀子明确反对以战争牟利，并称那些行谋利之战的军队为“盗兵”。荀子强调战争的正义性，认为战争只能是征伐不义而非攻占城池。荀子的这种战争观无疑是一个巨大进步。

从对战争的态度上看，孙武虽然不反对争夺利益的兼并战争，但对战争带来的巨大灾难和可怕后果认识清楚，要求慎重和冷静地对待战争，更不可穷兵黩武，要“贤将”修之，充分运用计谋，以最快的速度在最短的时间取得胜利——“兵贵胜，不贵久”。孙武已认识到战争对政治的特殊作用。荀子继承了孙武“慎战”的理念，对战争的态度更加谨慎，对用武力征服基本上持否定态度，他认为“仁者之兵”更应该通过“所存者神，所过着化”的道德感染，达到百姓拥护、“兵不血刃”的目的，这是儒家“仁政德治”政治主张在军事领域的延伸。

（二）对决定战争胜负的因素与取胜之道的不同认识

孙武认为，战争是综合力量的较量，在战争中，敌对双方动用一切力量，采用一切手段以达到战胜对方的目的。即是说战争胜负是综合因素相互作用的结果，既有政治的、经济的因素，也有社会的、自然的因素，但政治因素是第一位的——政治上是否获得民众支持，是决定战争胜负的主要因素。而且孙武认为将帅作为军队的管理者和战场上的谋划者、决策者对战争胜负起关键作用。将帅必须足智多谋，在复杂的情况下寻求变异之法，智勇双全、德才兼备即“将者，智、信、仁、勇、严也”。孙武提出很多制胜战略战术，包括“用计、伐谋、造势、用间”等，要“攻其无备，出其不意”，以最小的代价取得胜利。

而荀子首先从“仁政”的思想出发，认为决定战争胜负最根本和关键的因素是政治，即政治形势和民心向背。这远远超越了兵家就军事论军事的局限，更注重政治和军事的统一，这是难能可贵的。荀子认为军事较量虽然是综合实力的较量，但最终起决定作用的因素只有一个，即政治。通过贤君

"隆礼贵义""好士""爱民"获得民众支持，"凡用兵攻占之术在乎壹民""兵要在乎善附民而已"，因此决定战争胜负的关键是君主行仁政。① 政治上行仁政，争取民心，军事上以仁义之师"禁暴除恶"即可战无不胜。其次，荀子认为民众系战争力量的源泉，"士民不亲附，则汤、武不能以必胜也"，失去民众，就失去了战争的基础。民众的支持才是真正的铜墙铁壁，使敌人的诡计无用武之地，"仁人之用十里之国，则将有百里之听；用百里之国，则将有千里之听；……"。另外，荀子还认为军队的基础在士兵，战争胜负的关键在于士气。士气旺盛，敌人将无可乘之机，军队将所向披靡，锐不可当。"仁人之兵，聚则成卒，散则成列，延则若莫邪之长刃，婴之者断；兑则若莫邪之利锋，当之者溃；圜居而方止，则若盤石然，触之者角摧，案角鹿埵、陇种、东笼而退耳。"即仁德之人的军队，集合起来就成为有组织的队伍；分散开来便成为整齐的行列；伸展开来就像莫邪宝剑那长长的刃口，碰到它的就会被截断；向前冲刺就像莫邪宝剑那锐利的锋芒，阻挡它的就会被击溃；摆成圆形的阵势停留或排成方形

---

① 参见吴秋红．孙子兵法与荀子议兵之比较［J］．武汉理工大学学报，2002（4）364.

的队列站住，就像磐石一样岿然不动，触犯它的就会头破血流，就会稀里哗啦地败下阵来。总之，把士兵作为军队基础看待，荀子已经超越了孙武在军事上过分夸大将帅作用的局限。

（三）治军原则与方法上不同

孙武与荀子在军事思想上的侧重点有差异。孙武注重依法治军，侧重以物质利益激励官兵；而荀子注重礼义治军，缔造仁义之师。《孙子兵法·形篇》说："善用兵者，修道而保法。"即军队要严格法纪、严明军纪，加强法制建设。同时强调"固杀敌者，怒也；取敌之利也，货也""施无法之赏，悬无政之令"等。荀子认为以礼义治军才是唯一正确的道路，如何实现礼义治军？"隆礼重法"，礼义是根本，以法作为保障。用荀子的话说就是礼是"治辩之极""强国之本""威行之道"，然后严明军纪，用法制维护礼义，并信赏明罚调动军队积极性。当然孙武《孙子兵法》也是顺应当时诸侯争霸出谋划策的产物，荀子"议兵"也是当时封建统一、民心所向、正义逐步成为社会主流的产物，同时也是传统仁政、民本思想的发挥。

三、《孙膑兵法》概述

《孙膑兵法》是继《孙子兵法》之后，我国古代的一部重要军事理论著作，它是孙膑及其后学所著。《汉书·艺文志》称之为《齐孙子》。据说原书共八十九篇，附图四卷，大约在东汉以后散失，直到1972年才在山东临沂银雀山西汉墓葬中出土，可惜仅存三十篇，而且残缺不全。《孙膑兵法》不仅继承了《孙子兵法》光辉的军事思想，而且结合战国时期的战争特点，有所发展，有所创新，是先秦时期战争实践的总结，是我国古代军事理论的珍贵遗产。其军事思想主要观点如下。

（一）战争观

孙膑继承了孙武的慎战思想，反对穷兵黩武和好战喜功。他告诫说："乐兵者亡，而利胜者辱。"还认为不好战喜功才是用兵的最高原则。他说："恶战者，兵之王器也。"他说："夫兵者，非士恒势也""不得已而后战"。也就是说，孙膑认为战争并不是可以永久恃仗的和经常使用的手段，只有在不得已时才使用它。孙膑同时认为战争是统治者不能不用的手段。他以大量历史事实来说明自古以来，不论是“五帝”还是“三王”，都是通过战争禁暴乱止争夺的。总之，他既反对急功好战，也反对“责仁义、式礼乐、垂衣裳，以禁争夺”的幻想。他明确地指出：战争是强制敌人服从“我”的意志的暴力手段。“战胜而强立，故天下服矣”，它既不可滥用，也不可不用，必须“事备而后动”。“事备而后动”的实质就是不打无准备之仗，不打无把握之仗。他所谓“事备”指的是委（物资储备）和义（战争的正义性），他认为这两项条件，是取得胜利最根本的条件。他说：“夫守而无委，战而无义，天下无能以固且强者。”这说明孙膑当时已看出战争的胜利，取决于物质与精神（经济与政治）这两个最基本的条件。

此外，孙膑还特别强调人的因素和作用，他认为“天时、地利、人和，三者不得，虽胜有殃”。并且和同时代的孟子、荀子等一样，更强调“人和”，认为只有在政治上做到君将之间、将将之间以及军民之间，都能团结一致和相互信赖，才能保证战争胜利，这也是战国时期时代思潮的特点之一。

（二）战略战术

1．“必攻不守”

孙膑的战略战术就是他在《威王问》中所说的“必攻不守”。当时田忌问孙膑，“权、势、谋、诈”等是否“兵之所急”？孙膑说那只“可以益胜”，但并“非其急者”，只有“必攻不守”，才是“兵之急者也”。孙膑将“必攻不守”即坚决攻击敌人最为薄弱的环节，放在善用兵者所称道的各项制胜原则之上，是他战略战术最根本的指导思想。他综合考虑各个战场、各个阶段、各个环节乃至整个战争全局，并把它与权、势、谋、诈等结合起来，不仅对力量相当或处于优势地位的作战一方提供了迅速获得胜利的可能性，而且也为力量处于劣势地位的作战一方提供了夺取胜利的可能性。因为通过兵力机动，可以正确地选择进攻目标，避实击虚，调动敌人，从而改变形势，取得主动，使优劣易位。

2．“胜不可一”

孙膑在其《奇正篇》中说：“以一形之胜胜万形，不可。所以制形一也，所以胜不可一也。”也就是说，他认为只用一种制定的办法去战胜各种各样的东西是不可能的。所以尽管求胜的目的都一样，但用以制胜的办法却不能都一样，即取胜的办法和方式不是一成不变的。孙膑反对拘泥战术原则和墨守成规，他主张根据敌情我情、天候、地形以及双方军队部署等不同条件，采取灵活多变的战略战术，以创造有利的形势，从而达到夺取战争胜利的目的。而且他还提出了四条制胜原则："兵之道四，曰阵、曰势、曰变、曰权。"即要正确部署军队，创造有利的势态，临机应变，出奇制胜，以及权衡轻重，趋利避害。

3. 持久战思想

孙膑在《威王问》中，回答田忌所问如何战胜"众且武"敌人的问题时，提出了打持久战的观点。他说："垒广志，严正辑众，避而骄之，引而劳之，攻其无备，出其不意，必以为久。"这段话的实质就是说在对付兵力、战斗力都占优势的敌人时，必须先采用防御手段，避免为敌所败，并尽一切努力，一方面增强工事、激励士气以提高自己的战斗力，一方面麻痹敌人、调动敌人使其骄傲、疲惫以消耗、削弱其兵力和战斗力，然后在敌我力量对比发生变化之时，在敌不意的时间，向敌不备的地方，实施突然的反击，以期一举歼敌。这种用时间转变优劣形势的战法，具有持久战思想的萌芽。孙膑的这一思想虽然还很肤浅，但在此之前，军事理论都是强调速战或速决的，如孙武说："兵之情主速""兵闻拙速，未睹巧之久正"等。孙膑在这方面，较孙武又进了一步。

4. 歼灭战思想

《月战》所附残简中，保存有孙膑对战争胜利看法的一段文字，他认为“胜有不胜，不是全胜”“多杀人而不得将卒”“得将卒而不得舍”和“得舍而不得军者”都不是胜。只有覆军杀将，将其全部歼灭才是全胜。毫无疑问，这是歼灭战思想的萌芽，他参与指导的桂陵、马陵之战，就是对这种思想理论的实践。

（三）军事人才思想

春秋以前，文武不分，实行奴隶主贵族世卿世禄制。进入战国以后，文武分职，并逐渐实行了封建官僚体制，提倡选贤任能，因而，在挑选军事人才的标准方面，也有了较大的发展。反映在《孙膑兵法》中就有《将义》《将德》《将败》和《将失》四篇专论。他的中心思想，就是“间于天地之间，莫贵于人”，强调人在战争中的决定作用。人是战斗力诸因素中最活跃的能动因素，人的素质提高了，军队的战斗力自然也就提高。

孙膑要求将帅全面发展。他首先要求将帅必须“忠王”；其次还要具备义、仁、德、信、智五种品德，并将“义”置于“兵之首”，强调政治标准，把它放在各项要求的第一位。在指挥能力方面，孙膑除要求将帅必须具备“量敌计险”等一般战术素养外，还特别强调将帅必须“知道”。按孙膑的解释，“道”就是战争的客观规律，“知道”就是把握战争规律。孙膑认为：“知道，胜”“不知道，不胜”，还认为：“安万乘国，广万乘王，全万乘之民命者，唯知道。”可见他对“道”的重视。孙膑说：“知道者，上知天之道，下知地之理，内得其民之心，外知敌之情，阵则知八阵之经，见胜而战，弗见而诤，此王者之将也。”这些都是孙膑要求将帅达到的战术素养标准。

此外，孙膑还提出了导致将帅指挥失败的品德缺陷和过错。这些，都反映出孙膑的军事人才思想。

四、 荀子与孙膑军事思想比较

荀子与孙膑的军事思想有很多相同或一致的地方。比如，在战争观方面，他们都主张要慎重地对待战争，强调战争是国家政治活动中解决问题的一种重要手段；反对穷兵黩武，强调不可滥用军事手段；重视政治和经济对战争的作用，强调“强兵”必先“富国”，战争要顺应民心军心；等等。但他们军事思想在很多地方也是有差异的，比如荀子在军事论的探讨过程中，并不是以军事而论军事，而是主张通过政治思想去强化军事思想的统一；不再单独强调君主要爱民，而是强调战争要因民而进行，不可妄动杀戮。特别是荀子提出依附人民的用兵方式——“善附民者善用兵”，主张战争要符合人民的意愿，争取得到更多人的支持，这样就能取得最终的胜利。同时荀子认为一个国家要变得强大，除了有一个贤明的君主之外，还需要有好的文武百官的辅佐，即“文武兼修”，很有现代军事意义。

孙膑提出将领要知“道”——战争的规律。只有掌握了战争的规律，了解敌我双方情况，指挥得当，才能保证取胜。为此他专门阐述了“积疏、盈虚、径行、疾徐、众寡、佚劳”六对相互对立又相互转化的矛盾，还对“奇正”进行了深层次的分析，认为将领只有真正认识到这些矛盾的作用，把握了这些矛盾的转化规律，才能利用微妙的变化出奇制胜。战略思想方面，孙膑强调“必攻不守”，即在敌众我寡、敌强我弱的情况下，积极主动地进攻敌人防守薄弱的环节，不仅能够有效地歼灭敌人的有生力量，而且能够转换攻守形势，掌握战争的主动权。战术方面，孙膑提出“因势”“造势”的思想，充分利用敌我双方的条件，造成有利于我方的态势，以扭转敌众我寡的不利形势。在军队建设、管理方面，他提出君主不应该干涉将领的具体军务，将领要有独立的军事指挥权，将领应当具备“义、仁、德、信、智”五个要素，而且将“义”作为将领的首要修养和素质。另外，孙膑对战争的性质认识模糊甚至分辨不清，把士兵纯粹当作被驱使的工具，其军事思想有时还夹杂着迷信观念，这些都是与荀子军事管理有着很大区别的，也是其局限性。

总而言之，荀子系儒家代表，孙武、孙膑系兵家代表。不管他们的军事思想理论是否一致，但不可否认的是，兵家经典中始终闪烁着中华主流——儒家思想的光辉。比如《孙子兵法·计篇》中，孙武把“道”列为决定战争胜负五因素之首，在“七计”中可将五条标准里的“智、信、仁”看作是儒家的思想，甚至“勇”也可称为是儒家思想，因为儒家倡导的理想人格就是“仁、智、勇”（《论语》）。只是儒家强调的“道”“智”“信”“仁”“勇”偏重人性修养，孙武则注重其军事价值，其差异只是目标指向不同而已。荀子秉持儒家传统本色，倡导礼义教化和王道思想，从政治的角度提出治军思想，而孙武、孙膑主要是从军事的角度提出治军思想。

第十章

荀子军事管理思想中的国防教育意义及不足

第十章

《孙子兵法》《孙膑兵法》主要谈的是打仗的战略战术，而荀子把儒家以民为本的思想贯穿于军事思考之中，因此荀子的军事管理思想不仅仅是打仗时的技术操作，而是与社会、政治密切相关的军事政治学，其国防教育意义跃然纸上。

一、 荀子军事管理思想中的国防教育意义

（一）国强兵强的国防教育目的

荀子把军事与经济、政治紧密联系起来，重视国富民强的基础性作用，认为国家富裕才能为军队现代化建设提供人力、物力支持，起到威慑他国的作用，从而实现和平稳定，使人民安居乐业。在社会形势动荡的时代，如果能够从政治、经济、军事、科技等方面增强综合国力，即经济强大、政治稳定、科技发达，就一定能够营造一个安定的内部环境。“国强友敬、兵强敌畏”，也只有国强兵强，国家发

展，国民安居乐业才有保障。

（二）和谐正义的国防教育使命

荀子强调“禁暴除害”的正义战争，希望实现和平统一的政治局面。实际上是想以仁义服天下，战争只是辅助而已，从而从根本上解决争议和化解矛盾，真正实现其理想中的和平和谐景象：“故近者亲其善，远方慕其德，兵不血刃，远迩来服，德盛于此，施及四极。”即近处的人喜爱他们的善行，远方的人仰慕他们仁义道德，兵器不用杀人，远近的国家都来归顺。德行高尚到这种程度，恩惠施加到四方极远的地方。联系当今现实，荀子的这种思想极具前瞻性，目前国际形势复杂多变，单级和多级矛盾突出，国际霸权主义和强权政治错综复杂，强化“你中有我，我中有你”以及“人类命运共同体”的和谐局面意义重大。

（三）爱民好士的国防教育保证

《荀子·王制》篇载：“马骇舆，则君子不安舆；庶人骇政，则君子不安位。马骇舆，则莫若静之；庶人骇政，则莫若惠之。选贤良，举笃敬，兴孝弟，收孤寡，补贫穷，如是，则庶人安政矣。庶人安政，然后君子安位。传曰：‘君者，舟也；庶人者，水也。水则载舟，水则覆舟。’”即是说，民是君王赖以生存的基础，基础稳固君王才能稳固，因此荀子深感“民心”的重要性——这关系到政局稳定、国家安全问题。荀子在其《君道》篇中说：“君人者，爱民而安，好士而荣，两者无一焉而亡。”即是说作为君主的人，热爱百姓、爱护人民，国家才会安定；喜爱德才兼备的人，国家才会荣耀；两个都没做到，国家必亡。

（四）文武兼修的国防教育育人观

儒家不仅重视文化教育，也重视武艺的修炼。荀子就是如此，他不但自己喜欢射箭，而且鼓励学生学习射箭。在当时的教学中“六艺”是主要内容，包括礼、乐、书、数以及射、御，射和御便系武教。实际上，荀子主张文武并举，说明荀子已经认识到文化在军事中的重要作用，它们是相辅相成、相互倚重的关系。

二、 荀子军事管理思想中的不足

荀子的军事管理思想虽然对当时以及现代的军事管理具有重大借鉴意义，但它毕竟主要是为当时的时代和社会服务的，因此由于其历史局限性，必然存在一定的缺陷，主要表现在军事谋略和作战纪律两个方面。

（一）军事谋略局限

《荀子·王霸》篇载："故用国者，义立而王，信立而霸，权谋立而亡。三者明主之所谨择也，仁人之所务白也。"即治理国家的人，确立公义的就是王者，确立诚信的就是霸者，确立权谋的就只有灭亡。这三者，是英明君主所要谨慎选择的，仁德君子所务必要明白的。荀子还说："上好权谋，则臣下百吏诞诈之人乘是而后欺。"即如果君主喜欢搞权术阴谋，那么大臣百官中那些搞欺骗诡诈的人就会乘机跟着搞欺诈，这样国家很快就会灭亡。实际上，军事上的谋略是作战指挥必备的智慧和方略，战争的胜负与此至关重要，可惜荀子对此却持否定态度。

荀子所处的时代战国纷争，面对顽固狡诈的敌人荀子仍以仁义求统一，理想很丰满，现实很骨感，这种儒家的仁义是不切实际的。

（二）作战纪律局限

荀子始终站在仁义的角度，要求打仗时不施诡诈，不同意“兵之所贵者势利也，所行者变诈也”，主张“王者有诛而无战，城守不攻，兵格不击。上下相喜则庆之。不屠城，不潜军，不留众，师不越时。故乱者乐其政，不安其上，欲其至也”。即荀子认为称王天下的君主有讨伐而没有攻战，敌城坚守时不攻打，敌军抵抗时不攻击，敌人官兵上下相亲相爱就为他们庆贺，不摧毁城郭而屠杀居民，不秘密出兵搞偷袭，不留兵防守占领的地方，军队出征不超过预先约定的时限。所以政治混乱的国家中的人民都喜欢“他”的这些政策，而不爱自己的君主，都希望“他”的到来。而且荀子认为“不杀老弱，不猎禾稼，服者不禽，格者不舍，犇命者不获。……”即不杀害年老体弱的，不践踏庄稼，对不战而退的敌人不追擒，对顽固抵抗的敌人不放过，对前来投顺的不抓起来当俘虏。以上观点特别是其人道主义精神，的确有一定的进步意义，从理论上讲也的确符合人的善性，慈悲为怀，为很多人所赞赏。但是，战争是残酷的，如果错失良机，贻误战机，给敌人逃脱或准备力量的机会，就会使自己陷于危险之中。因此，荀子的以上观点说明其理论与实践的冲突，缺乏实战经验。从另外一个角度说，如何把握和处理仁义的这个“度”，也是军事管理中一个值得研究的课题。

总之，荀子的军事思想内容非常广泛，我们从中可以窥见儒家的主要军事观点以及一脉相承的思想路径。同时，也可以看出荀子在当时形势下对传统思想的继承、发展与超越，显示出荀子独到的军事见解。

第十一章

荀子『无为而治』的最高管理境界

第十一章

前面几章我们对荀子的管理思想与方法从不同角度进行了一一论述——其实在前几章的论述中我们已经隐约感觉到荀子管理思想所要达到的一种境界，那就是最佳管理——“无为而治”。也就是管理学说中的“最小——最大”原则，即以最小的管理行为取得最大的、最佳的管理效应。“无为”并不是什么都不做，它是一种方法，也是一种结果。把“无为”当作方法来运用，就是不过度地干预，如同老子说的“生而不有，为而不恃，长而不宰”，让开一步，放手给别人。管理者能够把治权分散出去，就表示是一种无为的做法，经由这种做法，最后达到有序管理的目的。

一、荀子管理的最高境界就是“无为而治”

荀子在《王霸》篇中指出：“人主者，以官人为能者也；匹夫者，以自能为能者也。人主得使人为之，匹夫则无所移之。”即君主的本事在于善于用人为自己做事，匹夫的本事在于用自己来做事。君主的优势在于能够用人为自己做事，匹夫则没有这种优势，凡事必须自己动手。为人君者如果不能利用自己的优势，反而学匹夫一般事必躬亲，结果必定是“劳苦耗悴莫甚焉”。这样辛苦的王位，即使要身为奴婢者来坐，他都不愿意。也就是说，荀子从正面、反面各种角度来劝说君主分散治权。

不过，分散治权并不是毫无章法的。他说：“论德使能而官施之者，圣王之道也，儒之所谨守也。传曰：‘农分田而耕，贾分货而贩，百工分事而劝，士大夫分职而听，建国诸侯之君分土而守，三公总方而议，则天子共己而已。出若入若，天下莫不平均，莫不治辩。’”① 即是说，农夫分田耕种，商人分货贩卖，工匠分别用力做事，士大夫分职处理政事，诸侯国的国君分封领土而守卫，三公统管全面而商议，那么天子只要拱拱手就可以坐享其福。内外都这样，那天下的人无不平衡协调，也无不治理得很好。当然，治权“分散”之际，仍得注意合理的分划，也就是治权“分工”的问题。经由治权的分工，君主不仅有许多臣子帮他做事，而且有许多

① 方勇，李波译注．荀子［M］．北京：中华书局，2021．第173页．

具备不同才能的臣子为他做各种不同性质的事，但由于君主不可能直接管理每一个臣子，因此，在治权分工之外，仍然需要注意分层负责、分层控制的问题。简言之，就是治权“分层”的问题。

荀子接着解释说，君主治国的方法是：治理近处而不治理远处；治理明处而不治理暗处；治理主要大事而不治理其他的小事。君主能治理好近处，那远方就会得到治理；君主能治理好明处，那暗处就会变化；君主能恰当地治理主要的大事，那所有的事就都会得到治理。这里明确表示治权分层的重要性，其中的“近、明、一”指的就是宰相。换言之，君主任命宰相为百官之长，由他来论列百官的优劣，考察百官的得失，而君主只要考核宰相一人即可。

荀子还说：“故治国有道，人主有职。若夫贯日而治详，一日而曲列之，是所使夫百吏官人为也。”即治理国家有一定的方法，君主有一定的职责。至于那些连续几天就把事情处理周详，一天之内就把情况周到地分辨清楚，这是各级官吏去做的事情。“若夫论一相以兼率之，使臣下百吏莫不宿道乡方而务，是夫人主之职也。若是，则一天下，名配尧、禹。之主者，守至约而详，事至佚而功，垂衣裳，不下簟席之上，而海内之人莫不愿得以为帝王。夫是之谓至约，乐莫大焉。”① 即应选择一个国相全面地率领群臣百官，使臣下百官无不安守道义，朝向正道而努力，这才是君主的职责。也就是说，一个君主如果能够任命“贤相”，分层负责，由他管理百官，依照个人的才能及事情的性质予以适当的分工，如此把治权分散出去，就能统一天下，名望可以和尧、禹匹配。做君主的人，坚守最简要的就能全面周详，做事最轻松却很有功效，其衣裳下垂，不用从座席上走下来，就能使天下的人无不希望他做帝王。由此可见，荀子把“无为而治”作为其管理思想所追求的最高目标和境界。

二、荀子对达到“无为而治”最高管理境界提出的具体办法与措施

通过上面的内容，我们已经明白荀子管理的最高境界是“无为而治”，用荀子自己的话说，无为而治就是管理国家要像治水一样，要顺应客观规律，顺其自然，因势利导。那么其具体管理方法与措施

---

① 方勇，李波译注．荀子［M］．北京：中华书局，2021．第171页．

是什么呢?

(一)荀子提出了“巧于使民”的管理方法

比如,《荀子·哀公》篇记载了这么一个故事:鲁定公手下有一个人很会驾驭马车,名叫东野毕,定公为此而感到自豪。向颜渊说道:“这个东野毕可以算得上是一个好驭手了吧?”颜渊听了却不冷不热地回答道:“是不错,可是他的马也快要逃跑了。”定公很不高兴,对左右说:“原来君子也会说人家坏话啊!”三天以后,养马的官员前来报告,说东野毕的马果真逃跑了。定公一听,立刻把颜渊召来,问道:“前几天你对我说‘东野毕尽管会驾车,但他的马快要逃跑了’,现在果真被你不幸而言中,不知你当时是怎么知道的呢?”颜渊不慌不忙地回答:“噢,这是事物发展的一般规律。从前的‘圣王’舜帝善于使用民众,好驭手造父善于驾驭马匹。使用民众不穷尽其力,则民众不会离去;驾驭马匹不穷尽其力,则马匹不会逃跑。而现在像东野毕这样驭马,抓得太紧,不留丝毫余地,紧赶慢赶,远跑近跑,马力已经充分发挥出来了,却还要马儿跑个不停。我就是据此而断定,东野毕的马一定会逃跑的。”这里颜渊所说的道理,同《韩诗外传》中孔子所谈的

"御民之道",其基本精神是一致的。两人都把治民比喻作驭马。孔子认为,驭马的方式恰当,马儿就会非常配合驭手的驾驶,从而各得其乐;管理国家方法得当,管理者与人民就能和谐相处,人民就会安居乐业,都能归附于你。颜渊的观点是:善于驭马,不穷尽马力,则马匹不会逃跑;善于治民,不穷尽民力,则人民不会离散。这从领导方式上讲,就是要"巧于使民",要求领导者对于下属的管理要留有余地,顺其自然,行其所无事,这样才能"无为而治"。荀子则通过这个故事,来说明他自己对"无为而治"的管理方式的认同。

(二)荀子提出了"惠而不费"的管理方法

"惠而不费",就是要求统治者切实为人民办事,为人民着想,使人们安居乐业而不直接感受到统治者的存在,这在《荀子·尧问》篇所记载的尧与舜之间的对话中可以体会到。尧向舜请教说:"我欲致天下,为之奈何?"① 即"我"想使天下都归顺,该如何作为呢?舜回答说:"执一无失,行微无怠,忠

① 方勇,李波译注. 荀子[M]. 北京:中华书局,2021. 第504页.

信无倦，而天下自来。执一如天地，行微如日月，忠诚盛于内，贲于外，形于四海。天下其在一隅邪！夫有何足致也?”① 舜的意思是：“不需要专门去作为。如果您掌管政事专心致志而没有过错，即使是微小的事情也不松懈，忠诚守信始终如一，那么天下自然就会归顺。掌管政事专心致志，就要像天地那样前后一致，做微小的事情也毫不松懈，就要像日月那样运行不息。忠诚充满于内心，表现于外表，显露于四海。那么，天下就像放在居室里的东西一样，随时可取。既然如此，使天下归顺，又哪里用得上专门去努力呢?”即在舜看来，天下根本不是统治者刻意去求来的。如果统治者诚诚恳恳地做好自己的本分工作，努力为人民办事，为人民着想，那么，大可不必绞尽脑汁或殚精竭虑就可获取天下。

在我们现代管理中，我们也应提倡“德而不惠”的管理方式，领导、下属各司其职，从而达到切实为人民办事、为人民着想、使人们安居乐业的目的。

（三）荀子提出了“为而不为”的管理方法

荀子说：“故仁者之行道也，无为也；圣人之行

① 方勇，李波译注. 荀子［M]. 北京：中华书局，2021. 第504页.

道也，无强也。”[①] 这里的“无为”就是不刻意而为，不要有意地去做；“无强”就是不勉强而行，不要勉强地去做。管理者既然要“行道”，那当然要有所作为，但是，这种“有为”又不是刻意而为，而是按照管理的客观规律去做。如此看来，顺其自然，按照客观规律办事，这是“为而不为”的一层含义。上下分工，不要越俎代庖，则是“为而不为”的另一层含义。荀子接着说：“昔者舜之治天下也，不以事诏而万物成。”[②] 即从前虞舜治理天下，不用事事教导而各种事都能办成。也就是说，荀子认为领导者并不需要对每一件事都给予明确的指示，并不需要事事插手，但又能把事情办好，办好了自然是“有为”的。

当然，在管理过程中必须进行合理分工，各负其责，这是管理的基本要求。事实上，管理作为一项事务性工作，领导者不可能，也没有必要对下属的具体工作进行包办。其实管理者不试图完全控制被管理人员，反而能得到更多的好处——事情完成度高的好处。如果硬要勉为其难，只能是劳而无功，

---

① 方勇，李波译注．荀子［M］．北京：中华书局，2021．第349页．

② 方勇，李波译注．荀子［M］．北京：中华书局，2021．第347页．

上下不讨好。因而，荀子认为管理又是“无为”的。[①] 以我们今天的管理实际，荀子所谈的“行其所无事”“为而不为”等管理方式就是所谓“自动化管理”。

总而言之，荀子认为最有效的管理方法应是“无为而治”，我们在现代管理过程中应尽最大可能让下属面对所有的问题，给他们充分的行动自由去实现其构想，并对所产生的结果负责，从而实现管理效率的最优化。

① 欧阳逸．和谐与冲突——儒学与现代管理”［EB/OL］（2008—09—07）［2008—09—07］http：// www. lantianyu. net/pdfll/ts056087 _ l. htm.

第十二章

荀子管理思想的终极目标——富国安人

第十二章

不管何种管理理论及智慧，其最终都得服务于作者事先所设定的管理目标并应用于现实管理之中，否则，再伟大的观点也是空谈。荀子的管理也是如此，事先设定了他理想中的管理目标并服务于当时的社会，解决当时具体的社会现实问题。荀子提出，管理的最终目标是“富国安人”。他力图通过“安人”的过程，达到“富国富民”的社会管理目的，从而向我们展示了一幅人人安居乐业的理想社会图景。现代管理目标观是美国管理学家德鲁克于1954年在《管理的实践》一书中提出来的。德鲁克认为，为了充分发挥不同管理成员在计划执行中的作用，协调这些管理成员的努力，必须把管理任务转化为总目标，并根据目标活动及管理结构特点分解为分目标，从而达到有效管理。这是被世界各国普遍认同的一种管理方法。荀子管理思想在目标设计上与德鲁克管理目标观是一致的，因此至今仍然极具典型意义和价值。

一、荀子的“安人”思想

“安人”的观点是孔子提出来的。孔子提出：作为一个国家的统治者，必须“修己以敬”“修己以安人”“修己以安百姓”。孔子“安人”的思想的对象非常广泛，包括统治者与被统治者，他的“安人”思想对儒家管理目标观带来了深刻的影响。荀子的管理目标，就是以“安人”为核心，“安人”是其管理目标的基点。

从现代管理的角度看，所谓“安人”就是满足被管理者的需要。美国心理学家马斯洛把人的需要归纳为五个层次，即生理的需要、安全的需要、归属的需要、尊重的需要和自我实现的需要。如何满足这些需要，对领导者的管理能力是重要的考验。

荀子的管理目标，是从统治者的角度制定的。他明确认为，在“庶人安政”与“君子安位”之间，存在着一种必然的因果关系。他举例说：驾车的马儿惊车，车上的人就坐不稳；被统治的老百姓惊惧政事，在上位的统治者也坐不安。马儿惊车，就要使它安静下来；老百姓惊惧政事，则要施之以恩惠。如果老百姓安于政事了，那么统治者的地位也就安稳了。荀子又从另外一个角度论述说，如果统治者广用人才，那么追求名誉的人就不会前来攻打，而是前来归附；统治者发展生产，那么追求利益的人就不会前来攻打，而是前来投奔；统治者讲求礼义，那么怀有怨恨的人就不会前来攻打，而是前来汇集。这样，国家就像地上的磐石那样安稳，像天上的星宿那样长久。别人的国家都混乱，我们的国家却得到治理；别人的国家都倾危，我们的国家却安定；别人的国家都衰败下来，我们就可以起来征服天下。即“安民”“安君”“安国”三者融为一体，其最终落脚点在“安人”上。① 而且荀子还认为人是最重要的，没有什么比生命更宝贵，没有什么比安定更让人快乐，统治人民的君主，爱护人民就能安宁，喜欢贤士就会荣耀，这两者一样都没有就会灭亡。其“安人”思想由此可见一斑。

荀子还把国家管理目标描绘为：“四海之内亲如一家，近处的人不隐瞒自己的能力，远处的人不怨恨自己的劳苦，不论多么偏僻边远的地方，都愉快地服从王者的管理而得到安乐。”“天地万物，无不尽其所美，致其所用，上用以装饰君子士大夫，下

---

① 黎红蕾．东方的管理智慧——中国儒家思想与现代管理［M］．成都：四川人民出版社，1993．第 226 页．

用以养育平民老百姓，使之得到安乐。”即在这个“王道乐土”中，人人各得其所，物尽其用，人尽其才，近者尽心，远人归附，个个讲信修睦，平安相处，社会没有动乱，安定和平，人民安居乐业。真是一幅其乐融融的“安人”画面！可以说是达到了“安人”的极致。因此，在我们今天的国家管理过程中，“安人”仍然是必须的管理手段。

二、 荀子的“富国”思想

事实上安人与富国是相辅相成的，只有安人才能富国，也只有国家富裕了才更有利于安人，两者是辩证统一而不可分割的。如何使得国家富强？荀子不仅在《富国》篇中进行了专门论述，在其他章节中也有很多言论从不同的角度论述了这个问题。富国论是荀子管理思想的中心，荀子围绕着富国这个中心点阐述了他对发展封建经济的一系列的设想，他的富国思想主张以“利”蓄民、富民，用一句话来概括就是“强本而节用”。

（一）农业生产

荀子认为要富国裕民，一定要发展生产，特别是发展农业生产。在发展农业生产的问题上，荀子提出了以下几点。

1. 实行一夫百亩的国家授田制度

荀子在《富国》篇中所说的“计利而畜民”“量地而立国”“度人力而授事”，其核心就是要在规划土地的基础上，由国家分配给农民适当数量的土地。关于这一点，他在《王霸》篇中说：“农分田而耕。”他在《大略》篇中说：“……故家五亩宅，百亩田，务其业而勿夺其时，所以富之也。”①

2. 荀子主张国家必须提供稳定的社会环境，使得农民能够安心耕作，不思迁移

他说：“百亩一守，事业穷，无所移之也。”②就是说，农民只有长期依附于土地，才能有爱惜地力、兴建灌溉设施等长期打算，从根本上实现粮食

---

① 中国社会科学院经济研究所中国经济思想史组．中国经济思想史论［M］．北京：人民出版社，1985．第 395－396 页．

② 方勇，李波译注．荀子［M］．北京：中华书局，2021．第 172 页．

量产。

3. 国家在使用民力的时候，要“使民夏不宛暍，冬不冻寒，急不伤力，缓不后时”①

也就是寒暑有节，劳役有度，不违农时，这样事业成就、功绩建立，君主和人民都富裕。同时还要轻徭薄赋，减少农民负担，即“轻田野之税，省刀布之敛”②，使农民有休养生息的机会，这样才能把农业发展起来。

4. “大农业”的思想

他要求国家重视“多种经营”，使农、林、牧、副、渔都能得到发展，同时，国家设立专门官职如“治田”“乡师”“虞师”等来指导农业生产和牲畜饲养，并进行副业经营。他认为国家还应该实行“山林泽梁，以时禁发而不税”，对于山林湖泊，应按时封闭和开放而不收税，以鼓励人民开发利用自然资源。为了促进农业生产的发展，他主张“修堤梁，通沟浍，行水潦，安水藏，以时决塞”，修整堤坝桥梁，疏通沟渠，排除积水，稳固水库，按照时令来放水关水。要“序五种，省农功，谨蓄藏”“修火

---

① 方勇，李波译注. 荀子［M］. 北京：中华书局，2021. 第152页.

② 方勇，李波译注. 荀子［M］. 北京：中华书局，2021. 第187页.

宪，养山林薮泽草木鱼鳖百索，以时禁发”①，要有序地安排各种庄稼的种植，视察农事，认真储藏；要制定用火的制度，保护山林中的草木、湖泊中的鱼类以及各种农产品，根据时令季节来禁止和开发。总之，对于农业生产中的“水、土、种、管、保”等各项增产措施，荀子都十分重视。

（二）工商业

在对待工商业的态度上，荀子一方面认为农、工、商皆不可缺，都应发展，做到“故泽人足乎木，山人足乎鱼，农夫不斫削、不陶冶而足械用，工贾不耕田而足菽粟”，即水边的人会有足够的木材，上山的人会有足够的鲜鱼，农民不砍削、不烧窑冶炼而有足够的器具，工匠、商人不种地而有足够的粮食。另一方面，荀子又认为工商业的发展必须有度，不受任何限制任其发展，将会危害农业生产这个根本，因而提出“工商众则国贫”②，即工匠商人众多国家就贫穷的论断，呼吁封建国家必须坚持“省工

---

① 方勇，李波译注．荀子［M］．北京：中华书局，2021．第130页．

② 方勇，李波译注．荀子［M］．北京：中华书局，2021．第156页．

贾，众农夫”①，即减少工匠和商人，增加农民人数。这个观点反映了先秦诸子在对待农业与工商业的发展上，首先要保证农业劳动者的数量的观点，这个也是先秦诸子在对待农业与工商业关系问题上的共识。原因在于：农业对大自然的依赖很大，气候、地形、土壤的多样和复杂性使其在和对自然界依赖度较小的工商业争夺劳动力、资金的过程中，自然要落于下风。而在生产技术落后的情况下，农业又在国民经济中占绝对基础的地位。为了保证农业的发展，不得不由国家出面对工商业的发展进行控制。不过，尽管荀子也持重农轻商的观点，但他不同意老子主张完全废除工商业的“小国寡民”思想以及韩非子认为商工之民为“邦之一蠹”的极端观点。也就是说，荀子认为工商业在社会分工中担负着必要的社会职能，所以他主张要在一定范围内鼓励和保护工商业的发展。如对于商业，要“关市几而不征”②，关卡和市场（对商人）只稽查不征税；或“平关市之征”，即调整关税和商税。但他又主张抑制工商业的过度发展，要“省工贾，众农

① 方勇，李波译注．荀子［M］．北京：中华书局，2021．第197页．

② 方勇，李波译注．荀子［M］．北京：中华书局，2021．第187页．

夫”，要对其进行一定控制和管理，比如，对于商业，他主张管制物价，如“质律禁止而不偏”，即禁止弄虚作假而不偏听偏信。其目的是消灭商业投机活动，不使投机商贩有机可乘，这是儒家中道思想在对待工商业发展问题上的具体应用。

（三）“节用以礼”

在荀子富国思想中，除谈到发展农业生产以及对待工商业的态度问题外，还特别提及节用思想。他特别强调“节用以礼”，要求不同阶级的人采取与自己的经济收入、社会地位相适应的消费。荀子认为只有这样，才能在生产力发展还不充分的情况下，解决人的欲望的无限性与资源的有限性之间的矛盾，使整个社会安定有序，从而为社会生产的发展创造条件。鉴于统治者在协调社会成员矛盾、安定社会秩序、保卫国家安全中的巨大作用，荀子认为只有使统治者的生活起居、临朝办事、外出巡狩，都讲排场、有威仪，才能树立起在广大民众中的巨大权威，也才能让统治者对自己的工作、生活满意，从而自觉地坚持岗位职责。也就是说，他认为统治者的消费应当与庶民百姓的消费有本质的区别。荀子的观点中有明贵贱之义，也有尽可能满足统治者奢侈消费的欲望的含义，但荀子对统治者的消费又有一定的限制。他说："无制数度量则国贫。"[①] 即没有规章制度国家就会贫穷。另外荀子对统治者的消费还提出了"不求其观""不求其余"和"不求其外"的限制，即不追求美观和过分的要求等，这就是"上以法取"的定则，是以国家法律制度的形式表达对封建统治阶级的限制。对于庶民的消费，荀子认为，应该保证他们对于基本生活资料的需要，同时又不许他们的消费水平超过这个限度。这反映了儒家的有等级、有差别的节用思想，是消极的。

总之，荀子想通过"安人"达到"富国富民"，而"富国富民"首先表现为"富民"。他说："故王者富民，霸者富士，仅存之国富大夫，亡国富筐箧、实府库。筐箧已富，府库已实，而百姓贫，夫是之谓上溢而下漏。入不可以守，出不可以战，则倾覆灭亡可立而待也。"即是说王道的国家让平民充实富裕起来；霸道的国家让士子充实富裕起来；仅仅能存在的国家，则是让大夫官僚富起来；走向亡国道路的国家，则是让（国王）自己的仓库充实起来。当官的富起来而平民穷了，这就叫作上面富得流油

---

① 方勇，李波译注．荀子［M］．北京：中华书局，2021．第156页．

而下面穷得精光。这样的国家，在内不能防守，对外不能征战，那么它被推翻灭亡的时间不远了。

实际上，荀子主张在国民财富总量增长的基础上使国库的收入和百姓的财富同步增长，将法家富国之学和儒家富民之学统一和协调起来，也即道出财富分配关系合理，一个国家的政治才会稳定的国家管理至明之理。这与近代启蒙思想家唐甄的“夫富不在府库而在编户”（真正的富裕不在于官府而在于百姓）的思想是一致的。

同时，他又提出了“强本节用”（加强农业生产，节约支出）等思想。也就是说，荀子一方面主张用赏罚严明的制度来鼓励人民发展生产，增加财富；另一方面他又提出了“强本抑末”（重视农业而限制或轻视工商业）、“节用裕民”（节约用度，使人民过上富裕的生活）以及“开源节流”等经济措施，要求加强发展农业生产的同时，抑制商品流通，不断开拓新的财源，限制统治阶级的费用，以此达到国家富强、人民富足的目的。荀子的这种管理目标观，集中代表了中小地主阶级的利益，同时也符合人民的愿望，对当时社会的和谐稳定有一定的积极作用。

第十三章 对荀子管理思想的历史评价

第十三章

前面我们从荀子人性论入手，分别从其管理中对人的管理、社会生产组织管理、义利观及分配办法、隆礼重法的社会管理思想、王霸观、无为而治的最高管理境界、富国安人的最终目标等方面进行了深入细致的探讨，对其管理思想精辟的论述、独到的见解、深邃的智慧惊叹不已。甚至可以这样说，2000 多年前的荀子能够提出如此有深度的管理理论简直让人觉得不可思议。然而，从辩证唯物主义与历史唯物主义的观点来看，任何事物都有两面性，我们既要看到其优点、对后世的积极影响与历史贡献，又要看到其不足之处、对后世的消极影响与历史局限性，只有这样我们才能真正利用其合理之处充实现代管理理论并付诸实践。

一、荀子管理思想对后世的积极影响与历史贡献

荀子管理思想对后世的积极影响与历史贡献是

极为广泛的，它与我们今天的许多管理理念都有契合相通之处，极具借鉴意义。

（一）荀子主张通过“修己”“安人”实现“大同”

这体现了个人管理目标与组织管理目标相统一的辩证关系。它要求兼顾各方利益、不偏不倚、合乎中道、与社会公众和睦共处，最终使管理组织产生极强的包容力、向心力与凝聚力。

（二）荀子提出要“明分使群”

荀子认为人“力不若牛，走不若马，而牛马为用，何也？曰：人能群，彼不能群也”。“群”是人类生来就有的本能，而要使之成为现实的社会管理组织，就必须有“分”。所谓“分”，作为组织结构、伦理结构、职业结构以及国家的管理机构等，是人类生存的保证、社会正常运转的前提、管理有序化的标志。荀子接着解释说：“群而无分则争。穷者，患也；争者，祸也。救患除祸，则莫若明分使群矣。”群居而没有等级区别就会发生争夺。陷于困境，是患难；争夺，是一种灾祸，要解救患难，消除灾祸，就不如明确区分等级、使人们结成社会群体了。而“有分义，则容天下而治”，即有了名分道义，就能包容天下并治理它。因此，在分的基础上，明确谁去做什么，谁要对什么结果负责，培养管理成员的团结和协作精神，在此基础上使人类管理的整体力量得到汇集和放大，即使是在现代管理中，这也是不容忽视的重要因素。

（三）荀子提出“上下一心、三军同力”的管理思想

荀子说：“上下一心，三军同力，是以百事成而功名大也。”也就是说，管理活动必须上下一致、同心同德，管理者应该顺应被管理者的人心所向，即他们的情感、思维和心理活动规律，引导所有成员趋向共同的目标，而不能顺一己之心、合自身之情、不恤下属、不闻民情，那是违背管理之道的。事实上，现代企业的发展主要靠的是人才的聚集和人力资源的开发，管理者要有揽才之道、拢才之术，所谓“天下无无用之物、无无用之才”，明智的管理者要以职量才、唯才是举。在管理活动中对待被管理者不能仅仅满足于发号施令、监督控制，应当在说理的基础上，运用撼人心灵的情感手段实施管理，强调以理服人、以情感人，使每一项管理措施既合

乎道理，又激发民情、启迪民智，理治于外、情感于内，从而调动下属的工作积极性和创造性。

（四）荀子提出树立“义利观”的重要性

鉴于人的欲望的无限性与资源的有限性之间的矛盾，人不能只想自己，还要想着他人，要对他人让“利”，或者给予他人以想要的利益，这就是“仁”。光有“仁”还不够，还要正确地让利，“让”到既让自己高兴也让他人高兴的程度，这就是“义”。要做到“义”，就必须在促进社会生产力发展的前提下，正确处理社会各阶层之间、不同地区之间的利益矛盾，因而荀子提出“先义后利、以义克利”的观点。作为企业来说，总是面临着上下、左右、内外的诸多矛盾，这些矛盾反映着事物之间既对立又统一的关系，企业应该按照中道的原则，协调不同利益群体的矛盾关系，扬长避短，推动企业进步。

（五）荀子提出了“珍视人、提倡德、重视和谐”等观点

比如，他对“仁”的夸大，对“德”的重视，对“礼”的推许。主张“和齐百姓”（和谐安抚百姓）、“万物各得其和以生”（不同的事物互相融合而产生新的事物，只有单一的事物是无法形成新事物的）、“天有其时，地有其财，人有其治”（上天有自己的运行时间，大地有自己的物质资源，人类有自己的治理方法）、“人不与天争职”（不干预自然）、“和则一，一则多力，多力则强”（和谐则可以集中统一，集中统一则可以有力量，集中多个力量则可以强大）、“天人合一”（人与自然和谐共生）等，这些都是为了强调人的价值、对德的重视以及和谐的理念。正是基于这些理念，中华民族才有着强大的凝聚力，形成了一个密不可分的集合体。可以说，荀子管理思想中的这种以“仁”为本、“立德”为先及“天人合一”“人际和谐”“情理和谐”的全方位的和谐精神是具有世界意义的。现代管理中的人本管理理念，从东方到西方，都在强调及追求管理者与被管理者的和谐、员工与员工的和谐以及员工与客户的和谐等，可以说这些理念自觉或不自觉地说明了荀子管理思想的意义。

另外，荀子还提出了重视管理者在社会生产中的作用；提出丰富的选人、用人、观人的经验和方法；提出运用“德主刑辅”的手段，才能实现“心悦诚服”的管理，从而达到“无为而治”的最高境界等管理思想，这无疑对我们现在的管理模式都极具影响力。

总之，如果把两千多年前荀子的管理思想精华与西方的先进管理模式有机结合，就一定会使中国今天“以人为本”的管理方式在一个更高的起点上加快发展，并绽放出绚丽的花朵。

二、荀子管理思想对后世的消极影响与历史局限性

虽然荀子的管理思想及管理实践有着卓越的历史贡献与深厚的历史意义，但也存在明显的缺陷，也是有历史局限性的，并对现代管理产生不同程度的消极影响。

（一）荀子管理思想中重政治轻经济利益的倾向

这种倾向将导致社会各个阶层过度关心政治，企业成为政府部门的附属物，企业的价值和目标取向以政治为中心而不是以市场为中心。

（二）荀子管理思想中看重情势的观点

这种观点将导致在行政管理中工作人员失去主观能动性，例行公事，以致服务拖拉，机构臃肿，决策缓慢，影响行政服从和行政目的的实现。

（三）荀子管理思想中重权威而轻民主的观点

这种观点在现代企业管理中表现为“家长制”“一言堂”，领导个人决策独断专行，从而阻碍企业发展。

（四）荀子管理思想中严格等级秩序的观念

这种观念致使社会等级森严，官本位思想严重，在行政管理和企业管理中会严重影响行事效率。

（五）荀子管理思想中重平均而轻个性的倾向

这种倾向会使平均主义的影子出现在许多企、事业单位之中，导致以下不良现象的发生：讲攀比，不讲竞争；讲平均，不讲业绩；讲公平，不讲效率；

论资排辈，忽视能力和差异；强调共性，强调大局整体，忽视甚至故意压制个性，极大地影响优秀人才的脱颖而出。

总之，荀子管理思想及管理实践对今天的管理工作既有借鉴意义，但又有其缺陷与历史局限性，我们要予以正确而理性的认识与理解。我们要充分利用其合理之处，革除其不良影响，实事求是地将荀子管理智慧运用于现代企、事业单位的管理以及国家治理工作当中，不断提高管理水平，着力形成高效、健康的现代管理体制。

后 记

管理思想就是关于管理的观点、观念或理论体系以及管理理论和实践的结合在人们头脑中的反映，对管理工作起指导作用。管理思想随人类社会及管理活动的产生、发展而产生和演变。

在古代社会的长期历史进程中，人们对管理及实践的思考处在不自觉的状态中，在管理的具体问题与具体环节、方法等方面，提出了很多见解，记录下了许多成功的管理经验和方法，从而形成了丰富的古代管理思想遗产。荀子的管理思想就是先秦时期最为系统的管理思想，他有着自己独特的管理理论、方法与措施，其以儒家思想为本，综合百家之长，特别是法家管理思想的精髓，形成其独特的管理智慧。可以这样说，荀子管理思想代表了战国时期儒家管理理论的最高水平，不愧为先秦管理思想的一大瑰宝，对中国两千多年的封建社会及至现代管理有着深刻而广泛的影响。

现在，随着改革开放的不断深入，中国经济快速腾飞，中国文化正加速走向世界。荀子作为儒家学派的代表人物和先秦时期百家争鸣的集大成者，曾两度出任兰陵令，从事政治活动、著书立说，形成了其独特的管理思想体系。荀子所处的时代在战国末期，当时的天下出现了大一统的趋势，诸子各派的思想学说均已出现，百家争鸣、百花齐放。为了让统治阶级更好地管理国家，真正为封建集权的专制主义服务，荀子在采纳诸子思想的基础上，对当时的现实社会予以猛烈的批判，其管理思想思虑精湛，集众家之所长。

荀子继承和发展了孔子开创的儒家思想，导致“至荀卿而儒家壁垒始又一新”的局面。荀子在人性论方面主张“人之性恶，其善者伪也”，为管理思想建立了新的理论增长点；荀子在天人观方面主张“制天命而用之”，提高了人的价值，增强了在管理过程中人认识世界的主观能动性；荀子在治国原则上“主张王道、反对霸道”，深化了治理国家的原则；荀子在政治上主张“隆礼重法”的社会管理思想，不仅丰富了儒家的政治管理理论，更重要的是它使儒家学说得到长足发展，开创秦朝以法治国的先声。

后记

荀子主张礼法兼治、平政爱民、举贤纳士、仁人之兵。特别是他提出强本节用、开源节流、发展经济的《富国》说，可以说是他之后两千多年来封建社会治国理财的金科玉律。

荀子兼通诸经，集百家之大成，韩非子、李斯都是他的学生。韩非子和李斯是战国时代法家的集大成者，一个从理论上阐述了法家的观点，一个在实践上运用了法家思想来治理、管理国家。在历史的漫长演变中，法家不可避免地带有儒家的痕迹，可以说，法家已和儒家在很多方面皆融为一体，法家就是儒家学说中一部分的极端化。西汉初期许多著名经师也出于荀子或他的弟子门下，后世张衡、王充、柳宗元、王夫之、戴震以及近代的资产阶级革命民主派等都不同程度地受到他的思想特别是管理思想的影响。

本书希望通过对荀子管理思想、观点、智慧的研究，使读者清晰地认识到荀子管理及实践是以"人性恶"作为管理起源和存在必要性的理论根据的。他以"礼"作为管理的标准，以相对不变的等级制度和相对变动的管理人员队伍作为管理发展的保证，继而通过对人性的诘问，为政治控制及其管理提供人性依据；通过隆礼重法的安排，把人伦关系格式化为政治管理关系，从而使儒家管理理论的政治意涵凸显出来。因而近代学者谭嗣同说："二千年之学，荀学也。"甚至当代著名企业家堤义明也被视为荀子管理思想的实践者。足见荀子管理思想及智慧对中国传统文化、传统管理以及世界管理的影响之大，对我们今天的管理工作仍有着重要的借鉴和启发意义。

另外，荀子管理中要求达到无为而治的最高管理境界、富国安人的最终目标，是任何时代的管理者与管理学家都永恒追求的主题。这是荀子的独到见解与远见卓识，也是荀子管理智慧至今不衰的根本所在。

总之，荀子管理与现代管理实践和现代管理方法之间有着根本性和系统性的联系。荀子管理理论、观点以及管理实践所强调的根本原则和精神大部分都适用于现代企、事业单位的管理。荀子管理思想和智慧与现代管理相结合将产生出显著的优化效应，这也是笔者撰写本书的目的。

荀子作为先秦的一位儒学大师，独有一套兼容管理思想的哲学体系，深为研究儒家管理思想的东方学者重视。尽管如此，理论界对荀子管理思想的研究与探讨还多是一些单独的文章，专门论述荀子管理思想的书籍并不多，更不用说体系研究的问题了。学术界对荀子管理思想的研究，主要集中在管理思想的属性、“明分使群”的组织观、礼法关系、刑罚、礼治思想等方面。比如，黎红雷先生的《荀子组织管理哲学与现代管理》认为荀子的“群论”是一种组织哲学，“群”“分”“义”等范畴涉及现代管理思想的组织功能、组织结构、组织形态等问题；陈应琴先生的《荀子组织理论与现代科层制》从荀子的等级制、弱君强相的礼法之治、夺人之心的组织发展观三方面进行了论述；刘厚琴先生的《荀子的人文管理哲学诠释》则从管理控制观、管理价值观、管理人才观等方面进行了论述；郑运平的《荀子的组织伦理思想》主要从合理的分工、适度的职权分配方面予以论述；周建波主编的《先秦诸子与管理》里面有一篇他学生写的《荀子管理思想》的文章，主要从荀子经济思想等方面予以了论述；而华中科技大学张峰教授指导的一篇关于《荀子管理哲学思想与现代管理》的硕士论文则从现代管理意义上的管理前提、管理组织、管理主体、管理方法以及管理目标等五方面对荀子“化性其伪”“明分使群”“尽伦尽制”“隆礼重法”“求治去乱”等观点进行了分析和阐述，这是目前有关荀子管理思想相对较为全面的文章。另外，东北大学出版社 2015 年出版了姜英来的著作《荀子的管理思想》，该书从现代管理学的视角，在荀子丰富但相对零散的管理思想论述中提取一般管理理论的原则、标准、方法等具有共性的东西，以此建立起相对完整的管理思想体系。

荀子的军事管理研究也主要是论文类：中国人民大学黄朴民的《荀子军事思想简述》；国防大学姜国柱的《荀子的军事思想》，王常忠的《论荀子的兵学思想》；黄冈师范学院吴秋红的《〈孙子兵法〉与〈荀子·议兵〉》，等等。

总之，关于荀子管理方面的文章或书籍太少而不成体系，这是迄今荀子管理研究的遗憾。

荀子的管理思想中具有许多惊人的卓越之见，具有深刻性、实践性的特点，体现正大光明、积极向上、以人为本的精神，是中国先秦管理思想的最高峰，它对中国封建社会深刻而久远的影响，是其他学派的管理学说难以取代的。当然，由于时代的局限，荀子的管理思想带有浓重的封建专制主义的烙印，也使他本人成为替君主专制主义构造政治体系的指引者，这是消极的。为此，在创建有中国特色的现代企业制度及管理模式的历程中，我们要予以辩证地理解与思考，既要学习西方科学化、制度化管理的优点，又要致力于挖掘东方管理思想的精华，“古为今用，洋为中用”。只有这样，才能真正为现代管理的健康有序发展提供宝贵思路，为建立新型的、充满活力的、适应现代和未来社会发展的现代管理模式服务。

张朝勇

2022 年 11 月 15 日于四川遂宁

参考文献

典籍类

[1] 张燕婴译注. 论语 [M]. 北京：中华书局，2007.
[2] 李薇. 论语 [M]. 吉林：延边人民出版社，2006.
[3] 孙安邦，马银华译注. 荀子 [M]. 太原：山西古籍出版社，2004.
[4] 王天海. 荀子·名家讲解 [M]. 长春：长春出版社，2009.
[5] 王辉编译. 周易 [M]. 西安：三秦出版社，2008.
[6] 刘亦发整理. 周易 [M]. 长春：吉林文史出版社，2009.
[7] 乙力译注. 道德经 [M]. 西安：三秦出版社，2008.
[8] 孟子 [M]. 合肥：黄山书社. 2001.
[9] 陈才编. 韩非子 [M]. 北京：中华书局，2000.

[10] 徐翠兰. 韩非子［M］. 太原：山西古籍出版社，2003.

[11] 梁启超. 墨子学案［M］. 北京：商务印书馆出版，1923 年.

[12] 方向东. 大学、中庸注评［M］. 南京：凤凰出版社，2006.

[13] 方尔加. 大学、中庸意释致用［M］. 北京：中国人名大学出版社，2008.

[14] 龚建平. 礼记哲学思想［M］. 北京：商务印书馆，2005.

[15] 高长山. 荀子译注［M］. 哈尔滨：黑龙江人民出版社，2003.

专著类

[1] 张岱年. 中国哲学大纲［M］. 北京：三联书店，1980.

[2] 陈传明，周小虎编著. 管理学原理［M］. 北京：机械工业出版社，2008.

[3] 罗哲，沙治慧主编. 人力资源开发与管理［M］. 成都：四川大学出版社，2007.

[4] 丁晴江. 党政领导人才考核与评价研究［M］. 成都：电子科技大学出版社，2009.

[5] 曾仕强. 管理大道［M］. 北京：北京大学出版社，2006.

[6] 李秀林，王于，李淮春. 辩证唯物主义和历史唯物主义原理［M］. 北京：中国人民大学出版社，2004.
[7] 冯友兰. 中国哲学史新编（上、中、下）［M］. 北京：人民出版社，2004.
[8] 黎红蕾. 东方的管理智慧－中国儒家思想与现代管理［M］. 成都：四川人民出版社，1993.
[9] 李宗桂. 中国文化导论［M］. 广州：广东人民出版社，2002.
[10] 冯天瑜，何晓明，周积明. 中华文化史［M］. 上海：上海人民出版社，2005.
[11] 黄光国. 儒家关系主义：文化反思与典范重建［M］. 北京：北京大学出版社，2006.
[12] 方克力. 走向二十一世纪的中国文化［M］. 太原：山西教育出版社，1999.
[13] 蒙文通. 蒙文通文集第一卷（古学甄微）［M］. 成都：巴蜀书社，1987.
[14] 葛兆光. 中国思想史［M］. 上海：复旦大学出版社，2007.
[15] 冯天瑜. 中华元典精神［M］. 武汉：武汉大学出版社，2006.
[16] 蔡方鹿. 朱熹与中国文化［M］. 贵阳：贵州人民出版社，2000.

[17] 陈德述．儒学文化新论［M］．成都：四川出版集团．巴蜀书社，2005.
[18] 徐复观．中国人性论史（先秦篇）［M］．上海：上海三联书店，2001.
[19] 玛莎．纳斯鲍姆．善的脆弱性［M］．南京：译林出版社，2007.
[20] 丹尼尔．雷恩．管理思想的演变［M］．北京：中国社会科学出版社，2000.
[21] 颜世富．东方管理学［M］．北京：中国国际广播出版社，2000.
[22] 卡尔·佩格尔斯．日本与西方管理比较［M］．北京：机械工业出版社，1987.
[23] 潘承烈、虞祖尧．中国古代管理思想之今用［M］．北京：中国人民大学出版社，2002.
[24] 陈德述．儒家管理思想论［M］．北京：中国国际广播出版社，2008.
[25] 北京大学哲学系中国哲学教研室．中国哲学史［M］．北京：北京大学出版社，2005.
[26] 向世陵．中国哲学智慧［M］．北京：中国人民大学出版社，2006.
[27] 周建波．先秦诸子与管理［M］．济南：山东人民出版社，2008.
[28] 方尔加．儒家思想讲演录［M］．北京：东方

出版社，2007.

［29］中央国家机关团工委．名家谈国学［M］．北京：人民出版社，2008.

［30］张岱年，方克立．中国文化概论［M］．北京：北京师范大学出版社，2004.

［31］秦继国．唐甄思想研究［M］．北京：中国文联出版社，2007.

［32］黄玉顺．现代新儒学的现代性哲学——现代新儒学的产生、发展与影响研究［M］．北京：中国文献出版社，2007.

［33］陈杰思．中华十大义理［M］．北京：中华书局，2008.

［34］郑杭生．社会学概论新修［M］．北京：中国人民大学出版社，2003.

［35］中国社会科学院经济研究所中国经济思想史组．中国经济思想史论［M］．北京：人民出版社，1985.

［36］吕振羽．中国政治思想史［M］．北京：三联书店，1949.

［37］侯外廬，赵纪彬，杜国庠．中国思想通史［M］．北京：人民出版社，1957.

［38］梁启雄．荀子简释［M］．北京：中华书局，1983.

[39] [汉] 司马迁. 史记（七）[M]. 北京：中华书局，1959.

[40] 胡寄窗. 中国经济思想史 [M]. 上海：上海人民出版社，1962.

[41] 李泽厚. 中国古代思想史论 [M]. 北京：人民出版社，1985.

[42] 薩孟武. 中国社会政治史（一）[M]. 台北：三民书局，1975.

[43] [美] 詹姆斯·柯林斯，杰里·波拉斯. 企业不败 [M]. 刘国远，沈建，蔺智深，译. 北京：新华出版社，1996.

[44] [美] 彼得·圣吉著. 第五项修炼—学习型组织的艺术与实务 [M]. 郭进隆译. 北京：三联书店，1994.

[45] [美] 斯蒂芬·P. 罗宾斯，玛丽·库尔特. 管理学（第7版）[M]. 孙健敏，黄卫伟，王凤彬，等，译. 北京：中国人民大学出版社，2004.

[46] 付亚和，许玉林. 有效管理 [M]. 上海：复旦大学出版社，2003.

论文类

[1] 邢树森，宋立聊. 荀子的管理思想及其现实意义 [J]. 经济论坛，1994，(7).

[2] 沈配功. 中国古代管理思想探源 [DB/OL] (1995－11－18) [1995－11－18]. http://www. lw23. com/paper_135324421/.

[3] 王毅. 试论齐国市场管理的举措 [J]. 管子学刊，1994，(4).

[4] 郑晓燕，高新镇. 中国古代管理思想及其启示 [J]. 管子学刊，2003，(2).

[5] 顾玉萍. 试析荀子的组织管理思想 [J]. 湖州师范学院学报，2006，(3).

[6] 闫秀敏. 孟子荀子管理思想的互补与超越 [J]. 大连理工大学学报（社会科学版），2009，(5).

[7] 王军. 礼乐重构：荀子思想的基本主题 [J]. 郑州航空工业管理学院学报（社会科学版），2009，(6).

[8] 吴默闻. 天人关系视域中的"人"—荀子天人关系思想探析 [J]. 三峡大学学报（人文社会科学版），2009，(6).

[9] 刘顺. 荀子"辨"论刍议 [J]. 绥化学院学报，2009，(6).

[10] 汪克. 荀子的礼法思想及其当代价值 [J]. 赤峰学院学报（汉文哲学社会科学版），2009，(12).

[11] 刘道岭，孙淑贞. 荀子政治哲学之我见 [J].

沧州师范专科学校学报，2009，(4).

[12] 季明明. 当代公共行政的改革实践与公共管理学的崛起 [J]. 北京行政学院学报，1993，(5).

[13] 曾晓勇. 组织高素质人才的特点与激励 [J]. 农业生物学报，2007，(5).

[14] 余兴国. 企业管理创新 [J]. 长沙铁道学院学报（社会科学版），2005，(1).

[15] 陈群祥. 关于加强行政效能建设的思考 [J]. 江东论坛，2006，(4).

[16] 董瑛. 关于提高行政效能的几点浅见 [J]. 太原市委党校学报，2006，(6).

[17] 陈雪钧. 中国古代管理思想对当今企业的启示 [J]. 企业管理，2007，(12).

[18] 张阳. 传统管理谋略的探究与运用——海尔与华为的管理实践探索 [J]. 理论学刊，2004，(12).

[19] 刘华伟. 儒家管理思想与现代企业管理 [J]. 中外企业文化，2007，(2).

[20] 李启光. 中国古代管理思想的现实意义 [J]. 文教资料，2007，(6).

[21] 郝黎明. 管理中的“换位思考”论文 [J]. 企业研究，2001，(12).

[22] 张钒. 论员工激励与企业发展 [J]. 才智，2008，(3).

[23] 张秀兰，杨帆. 知识管理时代企业如何激励员工 [J]. 中国建材资讯，2007，(6).

[24] 肖本长. 企业员工激励的对策分析 [J]. 今日科苑，2008，(6).

[25] 杨细刚. 知识型员工的激励措施浅析 [J]. 湖北广播电视大学学报，2007，(10).

[26] 彭岁枫. 论荀子礼法结合的依据与方式 [J]. 求是学刊，2008，(2).

[27] 阮平南. 建立中国特色的管理模式——基于管理哲学的思考 [J]. 北京工业大学学报（社会科学版），2002，(5).

[28] 韩光莉. 儒家思想与我国市场经济的发展 [J]. 管理百科，1998，(6).

[29] 杨云. 我国传统儒家思想对建立现代企业文化的深远影响 [J]. 兰州商学院学报，2003，(6).